Build up your vocabulary, communication skills and grammatical knowledge of English!

英語の発想が(ニュアンス)ズバリわかる本

小池直己
佐藤誠司

青春出版社

スキマ時間に楽しく問題を解きながら、英語ならではの"発想"が自分のモノになる本です

「英語力」は身につけたいけれど、いまさら、何を、どこから勉強したらいいかわからない…というときは、ぜひ本書を手にとってみてください。

一口に英語力といっても、その中身はさまざまです。高校生なら大学受験、大学生や社会人ならTOEICテスト対策の知識を思い浮かべるかもしれません。本書で取り上げているのは特定の試験対策の知識ではなく、主として日常的なコミュニケーションに役立つ単語・表現・会話・文法・発音などのベーシックで汎用性の高い知識です。初級から中級レベルの学習者を対象としていますが、英語ならではの"発想"から生まれた表現、逆に言えば日本人だからこそつまずくポイントを多く取り上げています。

1問1答なので、短い空き時間を利用して少しずつ取り組むことができるでしょう。大事なポイントは繰り返し出てきますので、最初から読み進めれば、自分の理解度がその都度、確認できるものと思います。

さらに、必要に応じて解説中にプラスαの情報を入れており、読み物としても楽しめるように配慮しました。

解けなかった問題はチェックしておき、しばらく時間を置いてから再チャレンジしてみてください。本書に掲載した全ての問題が解けるようになれば、日常生活に不自由しない程度の英語力が必ず身につくはずです。

2019年1月　　　　　　　　　　　　　　　小池直己　佐藤誠司

1問1答 英語の発想(ニュアンス)がズバリわかる本＊目次

1 英語で気持ちを伝えるには「単語力」が必要だ …… 13

- 001 身近なだけにかえって言えない基本の英単語　14
- 002 聞かれると一瞬詰まってしまう英単語　16
- 003 「食べもの」についてどこまで英語で言えますか　18
- 004 日常生活についてのキホンの英語表現　20
- 005 日常生活についての気になる英語表現　22
- 006 覚えていないとちょっと恥ずかしい基本語　24
- 007 知らないでいるといつか恥をかく基本語　26
- 008 日本人が知らないままにしている英語　28
- 009 英語ができる人なら、ここで迷ってはいけない①　30
- 010 英語ができる人なら、ここで迷ってはいけない②　32
- 011 英語にできますか？ 日本語にできますか？①　34
- 012 英語にできますか？ 日本語にできますか？②　36
- 013 ズバリ、どういう意味なんだろう？　38
- 014 うっかりすると、間違いやすい言葉　40
- 015 何の略か、わかりますか？　42
- 016 使わなくてもおさえたい基本のビジネス英単語　44
- 017 人の「動作」に関わる英単語、出てきますか？　46
- 018 それ、英語で言うことができたんだ！　48
- 019 常識としてモノにしておきたい言葉　50

020 そうだったのか！ なるほどニュースの英単語　52

021 （　　）の中には、いったい何が入る？　54

022 ビジネスパーソンなら知っておきたい言葉　56

023 大人なら、できるようにしておきたい言い方です　58

024 「動作」と「状態」にまつわる言い方です　60

025 言えないとモヤモヤが残る英語　62

026 「そんな言葉知らない」ではすまされない言葉　64

027 さりげなく使いたい「仕事」の英単語　66

028 さりげなく使いたい「食」の英単語　68

029 カシコい人のここで差がつく英単語　70

030 カシコい人の一気に差がつく英単語　72

031 「からだ」と「しぐさ」について英語で言ってみよう　74

032 一瞬でできますか？ わかりますか？①　76

033 一瞬でできますか？ わかりますか？②　78

034 言われてみればやけに気になる英単語①　80

035 言われてみればやけに気になる英単語②　82

036 どことなく"奥深さ"を感じる英単語①　84

037 どことなく"奥深さ"を感じる英単語②　86

038 知っていれば自慢できる英単語①　88

039 知っていれば自慢できる英単語②　90

040 知っていれば自慢できる英単語③　92

| 日本人が知らない英語のツボ1　94 |

特集1 英語で自然にやりとりするにはコツがいる <基本編> 95

- 気持ちのよい人間関係は、このひと言からはじまる① 96
- 気持ちのよい人間関係は、このひと言からはじまる② 98
- これが言えれば、困ったときに必ず役立つ 101
- ふだんの英会話、そう言えばよかったのか① 104
- ふだんの英会話、そう言えばよかったのか② 106

日本人が知らない英語のツボ2 110

2 英語で会話ができる人、まったくできない人
111

- 001 「看板」と「掲示板」が読めますか？① 112
- 002 「看板」と「掲示板」が読めますか？② 114
- 003 英語でこそ言ってみたいひと言フレーズ 116
- 004 「数字」について英語で表現してみよう① 118
- 005 「数字」について英語で表現してみよう② 120
- 006 「スポーツ」の話題、英語で盛り上がろう！ 122
- 007 店員さんと英語でやりとりするコツ 124
- 008 人間関係をスムーズにする英語のひと言 126
- 009 このフレーズが英語で出てくれば"一人前"① 128
- 010 このフレーズが英語で出てくれば"一人前"② 130
- 011 「食事の席」では絶対に欠かせない言い方 132

012 「食事の席」では何かと使える言い方　134

013 料理と食をめぐる、簡単＆便利なひと言　136

014 ビジネス英語で必須の基本フレーズ　138

015 "普段使い"の大事な英語フレーズ　140

016 英語で電話のやりとりができますか　142

017 その英語フレーズ、意味がわかりますか　144

018 英語できちんと「お願い」してみよう　146

019 英語できちんと「評価」してみよう　148

020 英語できちんと答えてみよう　150

021 それなら、ひと言、言わせてもらいます！　152

022 一度、英語でこれを聞いてみたかった　154

023 仕事の周辺でいつか使えるお役立ちフレーズ①　156

024 仕事の周辺でいつか使えるお役立ちフレーズ②　158

025 そういうモノの言い方があったんだ①　160

026 そういうモノの言い方があったんだ②　162

027 誰もがつまずく「発音問題」にチャレンジ！　164

028 これだけはおさえたい「英語の仕組み」①　166

029 これだけはおさえたい「英語の仕組み」②　168

030 これだけはおさえたい「英語の仕組み」③　170

031 これだけはおさえたい「英語の仕組み」④　172

日本人が知らない英語のツボ3　174

特集2 英語で自然にやりとりするにはコツがいる＜応用編＞ 175

- スマートなお願いなら、どんな相手もイエスという 176
- 「聞き上手」は、こういう便利フレーズを知っている 179
- 自然な「あいづち」で、相手に気持ちよく話してもらおう 184
- 言いにくいことを英語で伝えるときの心得とは？ 189
- 「答え方」を覚えれば、英語で会話のラリーができる 193
- 素直に「感謝」「お詫び」の気持ちを伝えてみよう 198
- 自分の気持ち、そう伝えればよかったのか 201
- そのひと言だけで、相手はグッとくる 204
- たった一言で、相手を動かすにはコツがいる 207

 日本人が知らない英語のツボ4　210

3 これこそ英語の表現力がアップする〝勘どころ〟
　　　　　　　　　　　　　　　　　　　211

- 001 〝苦手な英会話〟を克服する最初のステップ 212
- 002 日本人が手こずる英会話の大事なポイント① 214
- 003 日本人が手こずる英会話の大事なポイント② 216
- 004 どんな状況での一言かわかりますか？① 218
- 005 どんな状況での一言かわかりますか？② 220
- 006 知っているだけでスッキリするひと言① 222
- 007 知っているだけでスッキリするひと言② 224

008 正しい「会話の続け方」をご存知ですか　226

009 対人関係についてのワンランク上のひと言　228

010 自分のことをどこまで英語で話せますか①　230

011 自分のことをどこまで英語で話せますか②　232

012 体と健康に関する言えそうで言えない表現　234

013 「食べ物」をめぐる、なるほど上手い言い方①　236

014 「食べ物」をめぐる、なるほど上手い言い方②　238

015 車で、電車で…確実に使いこなしたい英語①　240

016 車で、電車で…確実に使いこなしたい英語②　242

017 誰も教えてくれない暮らしの英語フレーズ①　244

018 誰も教えてくれない暮らしの英語フレーズ②　246

019 誰も教えてくれない暮らしの英語フレーズ③　248

020 お金と数字に関するちょっとした言い方　250

021 「できる大人」がおさえている英会話の心得①　252

022 「できる大人」がおさえている英会話の心得②　254

023 このコツがわかれば、英会話に困らない①　256

024 このコツがわかれば、英会話に困らない②　258

025 このコツがわかれば、英会話に困らない③　260

日本人が知らない英語のツボ5　262

 特集3 「たとえ」がうまくなると、英語力がグンと上がる！　263

・動物を使った「たとえ」をマスターしよう　264

・英語のプロはこんなふうに「たとえ」を使う 270

[日本人が知らない英語のツボ6　278]

4　一目おかれる「大人の英語力」を モノにする方法　279

- 001　頭の中で日本語に変換してみよう①　280
- 002　頭の中で日本語に変換してみよう②　282
- 003　自信を持って、日本語にしてみよう　284
- 004　辞書に頼らないで、日本語にしてみよう①　286
- 005　辞書に頼らないで、日本語にしてみよう②　288
- 006　日本語を英語にする一番の"近道"とは？①　290
- 007　日本語を英語にする一番の"近道"とは？②　292
- 008　簡単な英文が英会話の基本です①　294
- 009　簡単な英文が英会話の基本です②　296
- 010　使える言葉はどんどん増やしていこう①　298
- 011　使える言葉はどんどん増やしていこう②　300
- 012　どんな状況？　どんな場所？　302
- 013　できそうでできない英語の"落とし穴"①　304
- 014　できそうでできない英語の"落とし穴"②　306
- 015　できそうでできない英語の"落とし穴"③　308

[日本人が知らない英語のツボ7　310]

特集4 そのカタカナ英語、世界では通じません 311

- 日本でしか通用しない英語＜基本編＞ 312
- 日本でしか通用しない英語＜応用編＞ 316

| 日本人が知らない英語のツボ8 322 |

5 シンプルに話すのが決め手！
中学英語で話すコツ、答えるコツ ……… 323

001 「衣」と「住」について英語で話せますか 324

002 起きてから寝るまでを英語で言ってみよう① 326

003 起きてから寝るまでを英語で言ってみよう② 328

004 自分の「好きなもの」を英語で表現してみよう 330

005 どこが間違い？ なかなかやっかいな「動詞」 332

006 どこが間違い？ 誤解しがちな「動詞」 334

007 どこが間違い？「形容詞」「副詞」の"落とし穴"① 336

008 どこが間違い？「形容詞」「副詞」の"落とし穴"② 338

009 どこが間違い？ 意外と解けない「名詞」 340

010 どこが間違い？ なぜか解けない「名詞」 342

011 どこが間違い？ 鍵を握る「前置詞」 344

012 その英語では、伝わるものも伝わらない① 346

013 その英語では、伝わるものも伝わらない② 348

014 その言い方がトラブルのもとになる① 350
015 その言い方がトラブルのもとになる② 352
016 どちらが自然な言い回しかわかりますか 354
017 誤解をまねく言い方はどっち？① 356
018 誤解をまねく言い方はどっち？② 358
019 お金について、英語で話をしてみよう 360
020 「からだ」の状態について、英語で話してみよう 362
021 「お酒」の席にまつわること、英語で話してみよう 364
022 「生き物」について、英語で話してみよう 366
023 「ビジネス」のこと、英語で話してみよう 368
024 どんな話題も、英語で話ができるんです① 370
025 どんな話題も、英語で話ができるんです② 372
026 そんなシンプルな言い方でよかったのか① 374
027 そんなシンプルな言い方でよかったのか② 376
028 そんなシンプルな言い方でよかったのか③ 378

カバーイラスト■iStock.com/mushakesa
本文イラスト■Rashad Ashur/sutterstock.com
ＤＴＰ■フジマックオフィス

1
英語で気持ちを伝えるには「単語力」が必要だ

身近なだけにかえって言えない基本の英単語

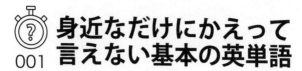

●次の各問いに答えてください。

① 「大掃除」から転じて「(野球の) 4番打者」の意味にも使われる語は？

② 「モーニングコール＝(　) call」の空所に入る語は？

③ 日本語の「プリン」に当たる英語は？

④ 「クラシック音楽」を2語の英語にすると？

⑤ 「チャーハン＝(　) rice」の空所に入る語は？

⑥ downtown とは，どんな場所のことでしょう？

⑦ アメリカで pants と言えば，普通何のことでしょう？

① 【cleanup】「塁上の走者を一掃する好打者」ということ。英語では 4 番打者だけを cleanup と呼びます。

② 【wake-up】morning では「目覚めさせるための電話」という本質的な意味が表せません。

③ 【pudding】「プディング」がなまって「プリン」になったもの。

④ 【classical music】「クラシック (音楽)」は classic ではなく classical を使います。

⑤ 【fried】fry は「揚げる，炒める」の意味で，「炒められた米」と表現します。fry の料理をするなべが frying pan（フライパン）です。また「トンカツ」は (deep-)fried pork,「野菜炒め」は (stir-)fried vegetables です。boil は「ゆでる」, stew は「煮る」の意味です。

⑥ 【中心街, 繁華街】反意語は uptown で,「（都心から外れた）住宅街」の意味です。日本語の「山の手」に当たる英語は uptown ですが,「下町」は downtown とは言いません。

⑦ 【ズボン】pants は pantaloons の短縮形でズボンのこと。ちなみにイギリスでは trousers と言います。このようにアメリカ英語とイギリス英語には違いがあり，たとえば郵便はアメリカでは mail, イギリスでは post です。

002 聞かれると一瞬詰まってしまう英単語

●次の各問いに答えてください。

① reasonable price とはどんな値段のこと？

② 「エネルギーを節約する」を英語にすると？

③ the northern hemisphere を日本語にすると？

④ dirty joke は好ましくないジョークの例ですが、どんな冗談のこと？

⑤ パソコンのキーボードにある Caps Lock の「cap」ってどんな意味？

⑥ He's reading a paper. と言えば、彼が読んでいるのは何？

⑦ 「アカデミー賞＝ Academy (　)」の空所に入る語は？

① 【手ごろな値段】reason には「理由」のほか「理性，道理」の意味があり，He lost his reason. と言えば「彼は理性［分別］を失った」ということです。形容詞の reasonable は「合理的な→穏当な，（値段が）手ごろな」の意味で使われます。

② 【save energy】save money（お金を蓄える，貯金する），save his life（彼の命を救う）のように，save には多くの意味があります。「節約する」の意味でも使い，「省エネ」は energy saving と言います。

③ 【北半球】sphere は「球」，hemisphere は「半球」。

④ 【下品な冗談】dirty（汚れた）には，「下品な，エッチな」の意味があります。He is dirty-minded. と言えば「彼は腹黒い」ではなく「彼はスケベだ」の意味。dirty old man は「スケベおやじ」を意味する慣用句です。

⑤ 【capital】cap は capital (letter)，つまり「大文字」の意味です。Caps Lock キーは「大文字固定」ということです。capital には「首都」「資本」の意味もあり，資本主義は capitalism と言います。

⑥ 【新聞】「紙」の意味の paper には a はつけません。「書類」はふつう papers と複数形にします。

⑦ 【Award】award は「賞」の意味です。「ノーベル賞」は the Nobel Prize と言います。

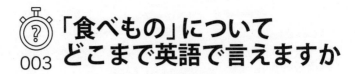

「食べもの」について どこまで英語で言えますか

●次の各問いに答えてください。

① 「朝食」は breakfast,「昼食」は lunch。では, supper と dinner はどう違う?

② 「魚を三枚におろす＝（　）a fish」の空所に入る語は?

③ beef bowl とはどんな食べ物?

④ rich soup と言えば, どんなスープ?

⑤ 「卵焼き」を英語で何と言う?

⑥ 「生ごみ」を英語で何と言う?

① 【supper は夜に食べるが，dinner は夜とは限らない。】supper は「夕食」です。一方 dinner は「正餐（せいさん）」，つまり一日で最も豪華な食事のことです。動詞の dine は「食事をする」で，「外食する」は dine[eat] out と言います。

② 【fillet】fillet は「骨のない切り身にする」という意味で，魚の場合は「三枚におろす」ことになります。おろした身も fillet です。ちなみに「タン（舌）」は tongue，「モツ」は guts（内臓）です。

③ 【牛丼】bowl は「どんぶり，椀」。「茶碗3杯のご飯」は three bowls of rice と言います。「うな丼」は eel bowl です。ちなみに「味噌汁」は miso soup，「漬物」は pickles と言います。

④ 【こってりしたスープ】rich は「（味が）濃厚な」の意味で，反意語は light（あっさりした）です。full-bodied wine（こくのあるワイン），dry wine（辛口のワイン），flat[stale] beer（気の抜けたビール），draft beer（生ビール）などの表現も覚えておきましょう。

⑤ 【fried egg】フライパンで焼いた卵は fried egg です。なお，fried egg は両面を焼いて黄身が壊れているものを言い，黄身の表面だけを焼いて中身が柔らかいものは over easy，片面だけを焼いたものは sunny-side up と言います。

⑥ 【garbage】台所などで出る「生ごみ」は，ふつう garbage と言います。「燃えるごみ」は burnable garbage，「ごみ回収車」は garbage truck です。rubbish や trash は「くず，廃物，がらくた」の意味で使います。waste は「廃棄物」の意味で使います。

004 日常生活についてのキホンの英語表現

●次の各問いに答えてください。

① 「アポを取る」の「アポ」に当たる英語は？

② 「決勝(戦)」は final。では「準々決勝」は？

③ World War Ⅱ（第二次世界大戦）のⅡの読み方は？

④ 「車検＝car ( )」の空所に入る語は？

⑤ potluck party とは，どんなパーティーのこと？

⑥ 「ガス欠になる＝( ) out of gas」「会社を経営する＝( ) a company」の空所に共通して入る語は？

⑦ 「平均より下＝( ) average」の空所に入る語は？

⑧ 日本語で「ルーズ」と言えば「だらしない」の意味ですが，これに当たる英語は何？

① 【appointment】動詞の appoint は「任命する，指定する」の意味です。

② 【quarterfinal】「準決勝」は semifinal。

③ 【two】the second World War とも言いますが，World War (the) second とは言いません。

④ 【inspection】inspection は「検査，視察」の意味です。

⑤ 【食べ物を持ち寄るパーティー】potluck は pot（鍋）と luck（運）を組み合わせた語。新居のお披露目パーティーは house-warming party，女性だけのパーティーは hen（雌鹿）party，男性だけのパーティーは stag（雄鹿）party です。

⑥ 【run】run は「走る」ですが，「走らせる→経営する」の意味でも使います。

⑦ 【below】「平均より上」は above average です。above は over，below は under でしばしば言い換えられます。

⑧ 【loose】loose は「緩い」の意味の形容詞で，a loose life（だらしない生活）のようにも言います。正しい読み方は「ルース」です。

005 日常生活についての気になる英語表現

●次の各問いに答えてください。

① 「電気スタンド＝ desk ( )」の空所に入る語は？

② オフィスビルの中でよく見られる smoke detector って何？

③ 人間の手足に，finger はいくつある？

④ ゴルフ用語の「イーグル」とは，どんな鳥のこと？

⑤ 「レモンティー＝ tea ( ) lemon」の空所に入る語は？

⑥ 「彼らは紙一重で試合に負けた＝ They lost the game by a ( ).」の空所に入る語は？

⑦ 「2勝1敗＝ two wins and one ( )」の空所に入る語は？

⑧ 「キラキラ光るダイヤモンド＝ ( ) diamond」の空所に入る語は？

① 【lamp】「机の明かり」と表現します。electric stand とは言いません。

② 【煙［火災］探知器】metal detector（金属探知機）は，空港の手荷物検査に使われます。

③ 【8】親指（thumb）は finger ではなく，足の指は toe と言います。したがって，finger は両手に4つずつで合計8つとなります。

④ 【鷲】バーディー（birdie）は bird（鳥）の幼児語，アルバトロス（albatross）はアホウドリです。バドミントンの羽根（shuttlecock）も birdie と言います。

⑤ 【with】with は「～を持って［伴って］いる」という意味。

⑥ 【hair】英語では「髪の（幅の）差で」と表現します。by a hair's breadth とも言います（270頁参照）。

⑦ 【loss】loss は lose（負ける）の名詞形です。

⑧ 【sparkling】「キラキラ光る」は sparkle と言います。スパークリングワイン（sparkling wine）は，炭酸で輝くように見えます。sparkler は「線香花火」です。

006 覚えていないとちょっと恥ずかしい基本語

●次の各問いに答えてください。

① 「砂糖抜きのコーヒー＝ coffee (　) sugar」の空所に入る語は？

② 「1本のチョーク」を英語にすると？

③ 「デパート」を英語で何と言う？

④ 「野球帽」は cap ？　それとも hat ？

⑤ 「おととい」を英語で何と言う？

⑥ ホテルのスイートルーム の「スイート」を正しく英語で書けますか？

⑦ バーコードと電気のコードの「コード」を正しく英語で書けますか？

① 【without】without は「〜を持って［含んで］いない」という意味。

② 【a piece of chalk】chalk はもともと石灰岩の塊を削って使っていたので,「ひとかけらのチョーク」と表現します。

③ 【department store】department は「全体の中の一部分」を意味する語です。会社の部署・大学の学部・デパートの売り場などが department で, たとえば「家具売り場」は furniture department と言います。デパート全体は department store と言います。

④ 【cap】ふちのある帽子を hat, ない帽子を cap と言います。麦わら帽子は straw hat, 水泳でかぶるのは swimming cap です。cap はもともと「頭」という意味で, captain（主将）, capital（首都）, cape（岬）などはその意味に由来します。

⑤ 【the day before yesterday】「きのうの前の日」です。two days ago（2日前）でも可。「あさって」は the day after tomorrow。

⑥ 【suite】スイートルームは suite と言い,「ひと続きの部屋」の意味です。sweet（甘い）とは関係ありません。また事務職をホワイトカラーと言うのは, ワイシャツの白いえり（collar）の比喩であり, color（色）ではありません。

⑦ 【bar code（バーコード）, cord(電気のコード)】code は「記号, 決まり」の意味で, dress code は「服装規定」です。

007 知らないでいると いつか恥をかく基本語

●次の各問いに答えてください。

① 「ガードマン」を英語で何と言う？

② 「シュークリーム」を英語で何と言う？

③ 時計の「針」を英語で何と言う？

④ 「黒い目」を英語で何と言う？

⑤ 車の部分を表す次の言葉のうち，和製英語でないものを1つ選んでください。
① ハンドル ② ワイパー ③ バックミラー ④ フロントガラス

⑥ 「パワハラ」を英語にすると？

⑦ 「ほとんどの日本人＝（ ）Japanese」の空所に入るのは，most，most of，almost のうちのどれ？

① 【guard】「ガードマン（守衛）」は英語では単に guard と言います。ちなみに「キャッチボール」も英語では単に catch と言います。また，salaryman は和製英語で，「サラリーマン」に相当する英語は salaried[white-collar] worker などです。もっとも英米ではこのような言い方はせず，「私は〜の仕事をしています」のように言うのが普通です。

② 【cream puff】shoe cream は「靴磨き用クリーム」のことです。

③ 【hand】時計の針は needle ではなく hand と言い，長針は long[minute] hand，短針は short[hour] hand です。またパンの耳は ear ではなく crust（中の柔らかい部分は crumb）です。

④ 【dark eye】「黒い目」は dark eye。black eye は，殴られたりして周りに黒いあざができた目のこと。日本語の色を英語に直訳できないケースはほかに「紅茶（black tea）」，「青信号（green light）」などがあります。

⑤ 【②】それぞれに当たる英語は，① (steering) wheel，② wiper，③ rearview mirror，④ windshield です。

⑥ 【bullying】「パワハラ」は日本で考えられた言葉です。英語では bullying（いじめ）が最も近いでしょう。bully は「（自分より弱い者を）いじめる」「いじめっ子」の意味で，Jim is bullied by his class-mates.（ジムはクラスメイトたちにいじめられている）のように言います。

⑦ 【most】most of the Japanese，almost all (of the) Japanese とも言えます。

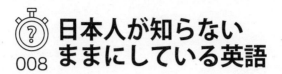

008 日本人が知らないままにしている英語

●次の各問いに答えてください。

①「電話セールス」を意味する、tで始まる語は？

……………………………………………………………

② 買い物にはさまざまな形態があります。by mail order と言えば、どういう買い方？

……………………………………………………………

③ He has a big mouth. と言えば、彼はどんな人？

……………………………………………………………

④ パンは英語で bread。では、英語で pan と言えば何のこと？

……………………………………………………………

⑤ 列車などの「自由席」を英語で何と言う？

……………………………………………………………

⑥「団塊の世代＝ the (　) generation」の空所に入る、b で始まる語は？

……………………………………………………………

⑦「.com」（ドットコム）の com は何の略でしょう？

1. 【telemarketing】telemarketing center は「コールセンター」。

2. 【通信販売】「ネットで」は on the Internet[web],「競売で」は at an auction と言います。telemarketing（電話セールス），door-to-door sales（訪問販売）など売る手法はさまざまです。

3. 【口が軽い人】日本語で「ビッグマウス」と言えば「大口をたたく人」の意味ですが，英語の big mouth は「秘密をべらべらしゃべる人」の意味です。また，おしゃべりな人（特に女性）を口語で chatterbox と言います。

4. 【平鍋】pan とはフライパン（frying pan）のような平たい鍋のこと。深い鍋は pot で，炊事道具全般を pots and pans と言います。ホットケーキは英語で pancake と言います。「平鍋で作るケーキ」の意味です。

5. 【unreserved seat】自由席は「予約されていない席」と表現します。nonreserved seat とも言います。free seat だと「無料の席」と誤解されてしまいます。empty seat は「空席」。「指定席」は reserved seat です。

6. 【baby-boom】「私は団塊の世代です」は，I'm a baby boomer. と表現できます。

7. 【commercial】com は commercial（商業の，コマーシャル）の略です。commercial の名詞形は commerce（商業）。工業は industry，漁業は fishery，林業は forestry，製造業は manufacturing です。

英語ができる人なら、ここで迷ってはいけない①

● **次の各問いに答えてください。**

① 交渉などが行き詰まることを「デッドロック」と言いますが，英語でどう書くでしょう？

② thumb wrestling を日本語にすると？

③ picture：museum ＝ animal：（　）の空所に入る語は？

④ 「チャック」は日本で作られた言葉で，英語では zipper と言います。では，zip code とは何でしょうか？

⑤ 「夜明け」は英語で dawn と言います。では「たそがれ時」は？

⑥ green hand とはどんな人のこと？

⑦ eat：ate ＝ fight：（　）の空所に入る語は？

① 【deadlock】日本語で「デッドロックに乗り上げる」のように言うのは、lock を rock（岩）と混同したため。dead を使った連語はたくさんあり、dead space は「活用されていない空間」。dead wood は「もう役に立たないもの」のことです。

② 【指相撲】直訳は「親指レスリング」。腕相撲は arm wrestling です。

③ 【zoo】絵があるのは美術館、動物がいるのは動物園。

④ 【郵便番号】zip code（郵便番号）の zip は、zone improvement program[plan]（配達区域促進計画）の頭文字を取ったものです。また zip は弾丸などが「ビュッ」と飛ぶ音も表し、「迅速に動く→（データを）高速で通信する」の意味から、データを圧縮する際の zip（形式）という言葉が生まれました。

⑤ 【twilight】「たそがれ」という日本語は、「たそ（＝誰だ）＋かれ（＝あれは）」という意味で、薄暗くてよく見えないことをたとえたものです。英語の twilight にも似た背景があり、薄暗くなって遠くの明かりが二つに見えることからできた言葉と言われます（twi = two）。

⑥ 【未熟な人】green には「未熟な」の意味があり、He's still green at his job.（彼はまだ仕事に習熟していない）のように使います。green eye は「嫉妬、やきもち」の意味で、シェイクスピアの「オセロ」に出てくる green-eyed monster（緑の目をした悪魔）という言葉に由来します。

⑦ 【fought】〈動詞の原形：過去形〉の関係です。

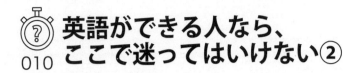

英語ができる人なら、ここで迷ってはいけない②

●次の各問いに答えてください。

①「戦前の教育」は prewar education と言います。では、「戦後の教育」は？

....

② electric の名詞形は？

....

③ happy の反意語は unhappy。では、regular の反意語は？

....

④「かりかりに焼けたトースト＝(　　) toast」の空所に入る語は？

....

⑤「折りたたみ傘」を英語で何と言う？

....

⑥「シャープペンシル」は、英語で mechanical pencil と言います。では、その芯は英語で何と言う？

....

⑦「ニワトリ」(chicken) のうち、「おんどり」は cock。では、「めんどり」は何と言う？

① 【postwar education】「後」は post- です。「ポストハーベスト」も時に話題になりますが，これは postharvest chemicals（収穫後の化学薬品）による汚染のことです。postgraduate と言えば大学院生のことです。

② 【electricity】「エレクトリック」(電気の) →「エレクトリシティー」(電気) とアクセントの位置が変わります。

③ 【irregular】legal(合法的な) の反意語は illegal(違法な)。

④ 【crisp】crisp は，食べ物などの「パリパリ，サクサク」という音を模した擬声語です。物がぶつかる音を表す動詞には cr や cl で始まるものが多くあります。crunch（ボリボリ［ガリガリ］かむ），clash（ガチャンと鳴る），click（カチッと鳴る），crackle（火がパチパチ音を立てる）などはその例です。

⑤ 【folding umbrella】fold は「折りたたむ」の意味で，「折りたたみ傘」は folding[collapsible] umbrella と言います。fold one's arms は「腕組みをする」，folding paper は「折り紙」です。

⑥ 【lead】「鉛筆」という漢字には，「鉛（なまり）」という文字が使われています。鉛は英語で lead と言い，鉛筆やシャープペンシルの芯も lead です。なお，sharp pencil は「とがった鉛筆」の意味。「鉛筆削り」は pencil sharpener です。

⑦ 【hen】一般に動物の雌雄は he・she で表すことができ，she-goat（雌ヤギ），This dog is a he.（この犬は雄だ）のように言います。雄ネコは tomcat。tomboy は「おてんば娘」です。

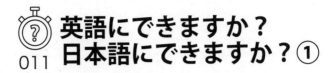

英語にできますか？
日本語にできますか？①

● 次の各問いに答えてください。

① 動作を表す動詞で,「伸びをする」を英語にすると？

② 「桜の花＝ cherry (　)」の空所に入る, b で始まる語は？

③ 「雇用主（雇っている人）」は employer。では,「従業員（雇われている人）」は何と言う？

④ 「期末試験＝ (　) exam」の空所に入る語は？

⑤ planet を日本語にすると？

⑥ 「世界遺産」を英語で何と言う？

① **【stretch】**「ストレッチ（体操）」という言葉からわかるように，stretch は「伸びる，伸ばす」の意味です。直線の走路も stretch で，ゴールと反対側の直線の走路が backstretch です。病人を乗せる「担架」は，伸ばして使うことから stretcher と言います。

② **【blossom(s)】** cherry flower とも言いますが，果樹の花は blossom で表します。「お花見」は cherry blossom viewing です。さくらんぼは cherry，桜の木は cherry tree です。

③ **【employee】**「〜される人」を表す名詞の語尾には，-ee がつきます。trainer（教官）－ trainee（研修生），examiner（試験官）－ examinee（受験者），donor（寄贈者）－ donee（受贈者）などがその例です。

④ **【terminal】** term(-end) exam とも言います。terminal は「期末の」の意味ですが，「終点の，最後の」の意味もあり，「末期医療」はターミナルケア（terminal care）と言います。

⑤ **【惑星】**映画「猿の惑星」の英題は The Planet of the Apes です。衛星は satellite，隕石は meteorite と言います。planetarium の -arium は「〜に関する場所」の意味です。水族館は「水（aqua）に関する場所」で aquarium，日光浴室は solarium と言います。

⑥ **【World Heritage】**世界遺産に登録された個々の場所は World Heritage site です。heritage は遺跡や自然など後世に伝えるべき社会的な遺産のことで，個人の遺産は inheritance と言います。world record は「世界記録」です。

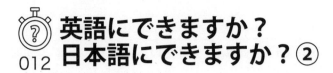

英語にできますか？日本語にできますか？②

●次の各問いに答えてください。

① cherry tree は桜の木。では pine tree は何の木？

② biology：biologist ＝ chemistry：（　）の空所に入る語は？

③ hypertension ＝ high（　）pressure の空所に入る語は？

④ 「1個の角砂糖＝ a（　）of sugar」の空所に入る語は？

⑤ 「2週間の休暇」を表す正しい表現は？
　① a two-week vacation　② a two-weeks vacation

⑥ 「摂氏25度＝ 25（　）centigrade」の空所に入る語は？

⑦ 「特売中＝（　）SALE」の空所に入る語は？

⑧ 「クール・ビズ」の「ビズ」とは何の略？

⑨ 「じゃんけん」を英語にすると？

① 【松の木】pineapple（パイナップル）は，松かさに形が似ていることに由来します。

② 【chemist】「生物学：生物学者＝化学：化学者」となります。

③ 【blood】hypertension は「高血圧」の意味です。

④ 【lump】lump は「塊」。cake にもその意味がありますが，a cake of soap（石けん1個）のように使います。

⑤ 【①】「数字＋ハイフン＋名詞」が全体として形容詞の働きをするとき，名詞は単数形にします。

⑥ 【degrees】温度や角度の「度」は degree。「摂氏」は centigrade または Celsius と言います。

⑦ 【ON】on sale には「販売されている」の意味もありますが，「特価で」の意味でも使います。

⑧ 【ビジネス（business）】biz とつづります。

⑨ 【rock, paper, scissors】じゃんけんの手の形は，グー（rock＝岩）とチョキ（scissors＝はさみ）は日本と同じですが，パー（paper＝紙）は5本の指をくっつけて出します。

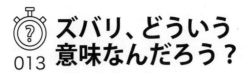

ズバリ、どういう意味なんだろう？
013

● 次の各問いに答えてください。

① waterproof watch と言えばどんな時計のこと？

② birthday は誕生日，holiday は休日。では，payday とは何の日？

③ odd money を日本語にすると？

④ even number を日本語にすると？

⑤ 二酸化炭素は carbon dioxide。では carbon monoxide は？

⑥ 料金（charge）にはさまざまな種類があります。サービス料は service charge，テーブルチャージは cover charge。では，extra charge は？

⑦ 「政治家」は英語で statesman。では state(s) とはどんな意味？

① 【防水時計】-proof は「〜に耐える」の意味です。「誰にでも扱えるカメラ」を foolproof camera と言いますが，foolproof は「愚か者（fool）の使用に耐える」ということです。

② 【給料日】「給料」を表す最も一般的な語は pay です。salary は月給などの固定給を，wage は時給などを意味します。「手取りの給料」は take-home (pay)，「源泉徴収」は withholding tax と言います。

③ 【はした金】odd は「ふぞろいの，余分な」の意味でも使い，an odd pair of socks は「左右がふぞろいの靴下」です。odd money は「余分な金，端数の金」で，20 dollars odd（20ドルと少し）のように言います。odd number は「奇数」です。

④ 【偶数】The score is even. と言えば「同点だ」の意味。「引き分ける」は break even と言い，break-even point は「採算分岐点」。exact number は「正確な数」，serial number は「通し番号」です。

⑤ 【一酸化炭素】dioxide の di(2) を mono(1) に置き換えて oxide(酸化物) の前に置いたもの。

⑥ 【追加料金】extra は「余分の，特別の」で，extra charge は割増料金や追加料金を意味します。単に extra とも言います。

⑦ 【国家】アメリカ合衆国は the United States。これは「結ばれた国家，連邦国家」の意味で，個々の州も state と言います。「カリフォルニア州」は the state of California です。

014 うっかりすると、間違いやすい言葉

●次の各問いに答えてください。

① 「あめとむちの政策＝(　) and stick policy」の空所に入る語は？

② lemon は俗語でどんな意味？

③ 「ねこをかぶる＝(　) in sheep's clothing」の空所に入る語は？

④ Canada：Canadian ＝ Holland：(　) の空所に入る語は？

⑤ 「話の口火を切る，糸口を見つける＝ break the (　)」の空所に入る語は？

⑥ bar examination とは，どんな試験？

① 【carrot】直訳は「ニンジンと（棒の）むちの政策」。馬の鼻先にニンジンをぶら下げ，むちでたたきながら走らせることに由来する表現です（276頁参照）。

② 【欠陥品】すぐ故障する車など，欠陥品を俗語で lemon と言います。peach（桃）は「魅力的な人，美女」の意味で使います。また bad apple（腐ったリンゴ）とは，集団内で周りに悪影響を与える「だめ人間」の比喩です。

③ 【wolf】英語では「ヒツジの衣をつけたオオカミ」と表現します。この言葉は「偽善者」という悪い意味にも，また「見かけからは想像できない力を持つ者」というよい意味にも使われます。

④ 【Dutch】「カナダ：カナダ人＝オランダ：オランダ人」。国名：国民名（または国を表す形容詞）の関係です。

⑤ 【ice】英語では「氷を割る」と表現します（crack the ice とも言います）。ちなみに，skate on thin ice（薄い氷の上でスケートをする）は「危ない橋を渡る」という意味。a tip of the iceberg（氷山の一角）も，日本語と同じです（276頁参照）。

⑥ 【司法試験】bar はもともと「横木」の意味で，横長のカウンターがあることから酒場も bar と言います。bar には「法廷」の意味もありますが，これは裁判官の席と傍聴席を分ける横に渡した手すり（bar）に由来します。go to the bar は「弁護士になる」という意味です。

015 何の略か、わかりますか？

●次の各問いに答えてください。

① 身分証明書を ID (card) と言いますが，ID とは何の略？

② 司会者のことを英語で MC と言いますが，この M はどんな語の頭文字？

③ 日曜大工のことを英語で DIY と言いますが，この Y はどんな語の頭文字？

④ 学校の時間割に，P.E. と書いてありました。これは physical education の頭文字を取ったものです。日本語にすると？

⑤ PTA の P は parent，T は teacher の頭文字です。では，A はどんな語の頭文字？

⑥ 同じメールを宛て名以外の人にも送るときに使うＣＣは何の略？

⑦ 髪の「パーマ」は何の略？

① 【identification】「身元確認，身分証明」の意味の名詞です。動詞は identify（身元を確認する）。

---

② 【master】Master of Ceremonies の略語です。emcee a TV show（テレビ番組の司会をする）のようにも使います。

---

③ 【yourself】Do It Yourself の略語です。趣味で日曜大工をする人は do-it-yourselfer。

---

④ 【体育】physical は「身体の」，education は「教育」です。単に physical と言えば，「健康診断（physical examination）」の意味にもなります。健康診断は checkup とも言い，「人間ドック」は英語で thorough checkup, complete physical examination などと言います。

---

⑤ 【association】PTA は「親と教師の会」で，A は association（協会，連合）の頭文字です。動詞の associate は「結びつける，提携する，連想する」の意味で，We associate France with wine.（私たちはフランスと言えばワインを連想する）のように使います。

---

⑥ 【carbon copy】carbon copy は，もともと黒いカーボン紙（carbon paper）を使って複写したものを言います。BCC（名前を伏せて同じメールを送ること）は blind carbon copy の頭文字です。

---

⑦ 【permanent wave】permanent は「永久的な」。反意語は temporary「一時的な」です。

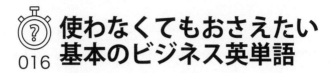使わなくてもおさえたい基本のビジネス英単語

●次の各問いに答えてください。

① listed company とはどんな会社のこと？

② 「ビジネスホテル」を英語では何という？

③ 「売り上げの増加＝ an increase (　) sales」の空所に入る前置詞は？

④ board meeting とはどんな会（議）？

⑤ ＭＢＡ（経営学修士号）のＢＡは business administration（経営学）の頭文字ですが，Ｍは何の頭文字？

⑥ 会社の名前を英語で表すときの Co. Ltd. とはどんな意味？

⑦ president と vice-president と ex-president のうち，会社での現在の最高責任者は？

① 【上場企業】list は「リスト，表（にする）」ですが，「（株式を）上場する」の意味でも使われます。waiting list と言えば「キャンセル待ち名簿」のことで，I'm on the waiting list.（キャンセル待ちをしています）のように言います。

② 【budget hotel】budget は「安上がりの」という意味です。no-frills（余分なサービスのない）hotel という言い方もあります。

③ 【in】increase（増加）や decrease（減少）の後ろには，of ではなく in（〜の点で（の））を置きます。

④ 【重役会】board は「（会議用の）卓」から転じて「会議，委員会，役員」の意味もあります。the board of education は「教育委員会」，the board of directors と言っても「取締役［重役］会」の意味になります。

⑤ 【master】master には「修士」の意味があります。「学士」は bachelor，「博士」は doctor です。博士号を Ph.D. と言いますが，これは Doctor of Philosophy の略です。

⑥ 【株式会社】Co. Ltd. は，company limited（株式会社）の略称です。Corporation（法人，株式会社）や Inc.（= incorporated「法人組織の，有限責任の」）もよく使われます。

⑦ 【president】president は「社長」，vice-president は「副社長（略して VP）」，ex-president は「前社長」です。vice はこの場合は「悪徳」ではなく「代わりの」の意味です。ex- は「前〜」の意味で，「元カレ」は英語では ex-boyfriend と言います。

017 人の「動作」に関わる英単語、出てきますか？

●次の各問いに答えてください。

1.「床をほうきではく＝（　）the floor」の空所に入る動詞は？

2.「鬼ごっこをする」を英語で何と言う？

3.「地図をかく＝（　　　　）a map」の空所に入る語は？

4.「ネクタイを結ぶ＝（　）a（　）」の空所に、同じ1語を入れてください。

5.「通りを横切る＝walk（　）the street」の空所に入る前置詞は？

6.「川の土手に沿って歩く＝walk（　）the riverbank」の空所に入る前置詞は？

7.「市内を観光する＝（　）the（　）of the city」の空所に入る語は？

8.「大声で話す＝speak in a（　）voice」の空所に入る語は？

① 【sweep】「ほうき」は broom,「(ほうきで) はく」は sweep と言います。sweep には「一掃する,圧勝する」の意味もあり,野球で一方のチームが3連戦を全勝した場合などに,新聞の見出しに SWEEP という言葉がよく出てきます。

② 【play tag】tag には「札」の意味があり,price tag は「値札」ですが,「鬼ごっこ」の意味でも使います。hide は「隠れる」,seek は「探す」なので,hide-and-seek は「かくれんぼ」です。

③ 【draw】write は文字を書く場合に使います。線で絵を描くのは draw です。画用紙に絵をかく場合,鉛筆でかくのは draw a picture,絵の具でかくのは paint a picture と言います。draw は「引く」「引き分ける」の意味もあります。

④ 【tie】動詞の tie は「結ぶ(bind)」,名詞の tie は「ネクタイ(necktie)」の意味で使います。

⑤ 【across】across は「〜を横切って」の意味。

⑥ 【along】along は「〜に沿って」の意味。

⑦ 【see, sights】「観光」は sightseeing。do the sights of the city でも間違いではありませんが,see が普通です。

⑧ 【loud】large でも間違いではありませんが,「大声」は普通 loud voice (「小声」は low[small] voice) と言います。loud-speaker は「拡声器」です。read aloud は「声を出して読む」,speak loudly は「大声で話す」です。

018 それ、英語で言うことができたんだ！

●次の各問いに答えてください。

① 自動車の前部のライトは head light。では後部のライトは何と言う？

② paper jam って何？

③「ガソリンスタンド＝ gas (　)」の空所に入る語は？

④「テレビゲーム」を英語で何と言う？

⑤ トランプ遊びの「神経衰弱」を英語で何と言う？

⑥ 野球の「グラブ」を英語にすると？

① **【tail light】** head と tail は，しばしば対になる意味を表します。コインの表は head，裏は tail です。また，行列の先頭は head，最後尾は (tail) end です。head wind と言えば「向かい風」のことで，その反対が tail[following] wind（追い風）です。

② **【(コピー機の) 紙詰まり】** 動詞の jam は「詰め込む，押し込む」の意味で，Paper got jammed in the copier.（コピー機に紙が詰まった）のように使います。jam-packed train と言えば「すし詰めの（満員）電車」のことです。

③ **【station】** station のもともとの意味は「立っていること［場所］」。最も一般的な意味は「駅」ですが，fire station（消防署），radio station（ラジオ放送局），comfort station（公衆トイレ）のように使います。

④ **【video game】** ビデオ画面を操作しながら行うことから。同様にテレビ電話は video phone，テレビ会議は video conference です。

⑤ **【concentration】** fan-tan は「七並べ」。中国語からきた言葉です。sevens とも言います。bridge は「ブリッジ」です。なお，病気としての神経衰弱は nervous breakdown と言います。

⑥ **【glove】** glove/グラヴ/は「手袋，(野球の) グラブ」。一方，globe/グロウブ/は「地球，地球儀」です。その形容詞が global（地球の）で，「地球温暖化」は global warming，「(金融や企業の) 国際化」は globalization です。

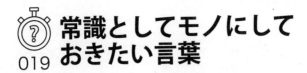

常識としてモノにしておきたい言葉

●次の各問いに答えてください。

① expressway と言ったら，どんな道路のこと？

② Let's go to the fireworks display. と言った人は，どこへ行こうと誘っている？

③ プロ野球の「オープン戦」は英語で何と言う？

④ 陸上競技の「トラック」を英語で正しく書けますか？

⑤ 写真を撮る際に使う tripod とは，どんな道具？

⑥ 「横断歩道」を英語にすると？

① **【有料の高速道路】** freeway は無料の高速道路，highway は幹線道路（main road）を意味します。有料の高速道路は tollroad とも言います。toll は通行料・使用料の意味で，有料道路の料金所は toll gate です。

② **【花火大会】** fireworks は「花火」。「花火大会」は fireworks show [exhibition] とも言います。

③ **【exhibition game】** exhibition は exhibit（展示する）の名詞形で，「展示（会），公開」。また，「非公式試合」の意味でも使います。同意語に exposition があり，これは expose（さらす，陳列する）の名詞形です。exposition の短縮形が expo で，Expo と大文字で書くと「万国博覧会」の意味になります。

④ **【track】** track は「（陸上競技の）トラック」のほか「（車輪の）跡，軌道，進路」の意味でも使い，「追跡する」の意味もあります。truck は車のトラックで，手押しの台車も truck です。日本ではこれが「トロッコ」という言葉になりました。

⑤ **【三脚】** tri は「3」，pod は「足」です。tri が「3」の意味であることは，triangle（三角形）や trio（三重奏，三人組）などからわかりますね。護岸用のテトラポッド（tetrapod）は，4つの隆起を4つの足（tetra + pod）に見立てたものです。

⑥ **【crosswalk】** 横断歩道は，crosswalk または (pedestrian) crossing と言います。crossing には「交差点 (intersection)」「踏切（grade crossing）」の意味もあります。overpass は「歩道橋，陸橋」，pavement は「舗装道路」です。

そうだったのか！なるほどニュースの英単語

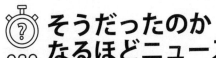

● 次の各問いに答えてください。

① 「円高＝（　）yen」の空所に入る形容詞は？

② GM food とはどんな食品のこと？

③ the Fair Trade Commission を日本語にすると？

④ the Labor Standard Law を日本語にすると？

⑤ press conference ってどんな意味？

⑥ the Prime Minister とはどんな人のこと？

⑦ net profit とはどんな利益のこと？

① 【strong】「円安」は weak yen。「円高」「円安」はそれぞれ the appreciation [depreciation] of the yen とも言います。

② 【遺伝子組み替え食品】genetically-modified food の頭文字を取ったものです。genetically は「遺伝的に←gene（遺伝子）」, modified は「修正（modify）された」。生鮮食品は perishable food, 自然食品は natural food, 保存食品は preserved food, 加工食品は processed food, 冷凍食品は frozen food です。

③ 【公正取引委員会】commission には「手数料」の意味もあります。

④ 【労働基準法】3つの単語の意味をつなぐと簡単にわかります。

⑤ 【記者会見】press は「押す」ですが, 印刷機を紙に押し当てることから出版物や報道機関も press と言うようになりました。報道［新聞］発表は press release と言います。

⑥ 【総理大臣】prime は「主要な, 最高位の」, minister は「大臣」です。pri は「第一の（first）」の意味で, prince（王子）, primary school（小学校）, principal（校長）などはこの語根を持ちます。

⑦ 【純益】net は「正味の」の意味で, その反意語が gross（総〜, 差し引きなしの〜）です。gross profit（粗利益＝売り上げから原価と直接的な経費を除いた額）から間接費を除いた正味の利益が net profit です。

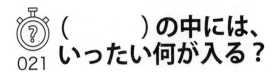

021 （　　　）の中には、いったい何が入る？

●次の各問いに答えてください。

① 「送別会＝ a (　) party」の空所に入る語は？

② 「テントを張る＝ (　) a tent」の空所に入る語は，hold，pitch，raise，stretch のうちのどれ？

③ 「夢を見る＝ (　) a dream」の空所に入るのは，have，make，see，watch のうちのどれ？

④ 「学校の成績はどう？＝ How are you getting (　) in school?」の空所に入る，a で始まる語は？

⑤ 「（かぜなどで）のどが痛い＝ I have a (　) throat.」の空所に入るのは，soar，sore，snore，solar のうちのどれ？

⑥ 「生け垣を刈り込む＝ (　) a hedge」の空所に入る，t で始まる語は？

⑦ 「駅まで迎えに行くよ＝ I'll (　) you at the station.」の空所に入る語は？

① 【farewell】farewell は「別れ」。「忘年会」は year-end [end-of-the-year] party と言います。前後を入れ替えた welfare は「福祉, 幸福」の意味です。「歓迎会」は a welcome party と言います。

② 【pitch】hold は「持つ」, raise は「上げる」, stretch は「広げる」。

③ 【have】たとえば「ゆうべ変な夢を見た」は I had a strange dream last night. と言います。

④ 【along】get along は「うまく（やっていく）」の意味で, get on とも言います。get along with ～ は「～と仲良くしていく」です。

⑤ 【sore】sore は「痛い」, soar は「舞い上がる」, snore は「いびき（をかく）」, solar は「太陽の」。

⑥ 【trim】trim は「余計なものを削って形を整える」という意味の動詞。trim the staff と言えば「職員を削減する」ということです。ペットの美容師を「トリマー」と言いますが, これは和製英語。ペットの身づくろいは grooming と言います。

⑦ 【meet】「あなたを駅で出迎える→駅であなたに会う」と考えて, meet を使います。「駅へ見送りに行くよ」は I'll see you off at the station. です。

022 ビジネスパーソンなら知っておきたい言葉

●次の各問いに答えてください。

① 「会議の議長を務める=（　）the meeting」の空所に入る，cで始まる語は？

② 「民間事業」は private business。では「民営化」を意味する名詞は？

③ cool site とはどんなホームページ（website）のことでしょう？

④ 「図2を参照= See（　）2.」の空所に入る語は？

⑤ 「（本のページの）下から3行目= the third line from the（　）」の空所に入る語は？

⑥ 「手ごわい交渉相手= a（　）negotiator」の空所に入る，tで始まる語は？

⑦ 「パーティーを開く［開催する］=（　）a party」の空所に入れられないのは，give, have, hold, open のうちのどれ？

① 【chair】chair（いす）には「～の議長［司会］を務める」の意味があります。それをする人が chairman [chairperson] です。

② 【privatization】private ＋ ize(動詞を作る語尾) ＋ tion(名詞を作る語尾)，と変形します。

③ 【かっこいい】cool は口語で「いかす，かっこいい」の意味で使われます。(That's[It's]) cool. と言えば「すごい！」「かっこいい！」。cool breeze は「涼しい風」，cool head は「冷静な頭脳」の意味です。

④ 【Figure】「図（表）」に当たる英語には，figure のほか table, chart などがあります。figure は「数字」「姿，人」の意味でも使い，decimal figure は「小数」，central figure は「中心人物」です。

⑤ 【bottom】「上から」は from the top，「下から」は from the bottom と言います。bottom は「底」の意味です。「結論，肝心な点」を bottom line と言うのは，会社の決算表の最終行（bottom line）に損益の数字が書いてあることに由来します。

⑥ 【tough】tough には日本語の「タフ」に相当する「丈夫な」の意味もありますが，「難しい」の意味でも使います。

⑦ 【open】「店を開く［開店する］」は open a store と言いますが，open a party は誤り。

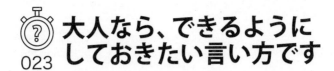

大人なら、できるようにしておきたい言い方です

●次の各問いに答えてください。

① occasionally : sometimes = frequently : (　) の空所に入る語は？

② 「初級コース」は a basic course。では「上級コース= an (　) course」の空所に入る語は？

③ vacuum は「真空」の意味ですが，家の中のある器具も vacuum と言います。それは何？

④ - はハイフン (hyphen)，; はセミコロン (semi colon)。では, asterisk とはどんな記号？

⑤ 「銀行に預金する= (　) money in the bank」の空所に入る語は？
① deposit　② dispose　③ accumulate　④ accompany

⑥ succeed : success = fail : (　) の空所に入る語は？

⑦ 「一目ぼれ= love (　) first sight」の空所に入る前置詞は？

⑧ rain : rainy = day : (　) の空所に入る語は？

① 【often】同意語の関係。occasionally は「時々」,frequently は「しばしば」の意味です。

② 【advanced】「中級コース」は an intermediate course。

③ 【掃除機】vacuum は,vacuum cleaner(真空[電気]掃除機)の意味でも使います。また,動詞として vacuum a carpet(じゅうたんに電気掃除機をかける)のようにも言います。

④ 【*】asterisk は「星形」のことで,ギリシャ語で「小さな星(star)」を意味しました。/ は slash。slash the labor cost(人件費を大幅に削る)のように動詞としても使います。( )を編集用語で「パーレン」と言いますが,英語の parenthesis(丸かっこ)から来た言葉です。

⑤ 【①】dispose は dispose of の形で「〜を処分する」の意味を表します。accumulate は「蓄積する」,accompany は「伴う」。

⑥ 【failure】「成功する:成功=失敗する:失敗」。動詞:名詞の関係です。

⑦ 【at】at first sight は「一目見て」。be surprise at 〜の at も「〜を見て[聞いて]」の意味です。

⑧ 【daily】「雨:雨の=日:(毎)日の」。名詞:形容詞の関係です。

024 「動作」と「状態」にまつわる言い方です

● 次の各問いに答えてください。

① 「一人暮らしをする＝ live (　) myself」の空所に入る前置詞は？

② 「ピクニックに行く」は go on a picnic。では「スキーに行く」は？

③ 「コインを（指で）はじく＝ (　) a coin」の空所に入る語は？

④ 「どうしてもとおっしゃるならいくらかお金を貸しましょう＝ I'll lend you some money if you (　).」の空所に入る語は？
　① insist　② assist　③ resist

⑤ The baby is <u>sleeping</u>. の下線部と反対の意味を持つ形容詞は？

⑥ 「定期が切れた＝ My train pass has (　).」の空所に入る語は，expired，exposed，exported，executed のうちのどれ？

⑦ 「イベントに参加する＝ take (　)(　) an event」の空所に入る語は？

⑧ 「近所で火事があった＝ A fire broke (　) in my neighborhood.」の空所に入る語は？

① 【by】by oneself は「一人で（alone）」の意味。

② 【go skiing】同様に「泳ぎ［キャンプ］に行く」は go swimming [camping]。

③ 【flip】toss a coin はコインを投げ上げて「裏か表か（Head or tail?）」と言う動作を表すのに使います。

④ 【①】if you insist の直訳は「もしあなたが言い張るなら」。-sist は「立つ（stand）」の意味を持つ語根。insist は「上に立つ→主張する，言い張る」，assist は「〜の方に立つ→支援する」，resist は「後ろに立つ→抵抗する」，consist は「ともに立つ→（〜から）成る」など。

⑤ 【awake】「眠っている」は asleep とも言います。「目覚めている」は awake です。

⑥ 【expired】expire は「期限が切れる」，expose は「さらす，暴露する」，export は「輸出する」，execute は「実施する」。

⑦ 【part in】take part in は join（〜に参加する）の意味。

⑧ 【out】break out は「（戦争・災害などが）起こる」の意味。

025 言えないとモヤモヤが残る英語

●次の各問いに答えてください。

⃞1 次のうち「(製品の) 取扱説明書」を意味する語は？
① instructions ② explanations ③ treatments ④ assistant

⃞2 「薄い板」は a thin board。では「厚い板＝ a (　) board」の空所に入る語は？

⃞3 He eats like a horse. を日本語にすると？

⃞4 durable furniture とはどんなタイプの家具のこと？

⃞5 band, gum, rubber の3語のうち2つを並べて、「輪ゴム」に当たる英語を作ってください。

⃞6 「腕立て伏せ」を英語では何と言う？

⃞7 microscope とはどんな意味？

① 【①】instruction は「指示（書）」。explanation は「説明」，treatment は「扱い」，assistant は「助手」です。

② 【thick】thick には「濃い」の意味もあります。「濃い髪」は thick hair です。

③ 【彼は大食だ】英語では「馬のように食べる」と表現します。「少食だ」は eat like a bird（鳥のように食べる）(266頁参照)。

④ 【長持ちする家具】durable は「長持ちする」という意味の形容詞で，経済用語の「耐久消費財」の英訳は durable goods です。

⑤ 【rubber band】gum も rubber も「ゴム」の意味ですが，輪ゴムは「ゴム（rubber）の輪」と表現します。今日でもイギリスでは消しゴムを rubber と言います（アメリカでは eraser）。

⑥ 【push-up】懸垂は chin-up です。「あご（chin）を上げる」からきています。「腹筋運動」は sit-up。「毎日 50 回腕立て伏せをしています」は，I do fifty push-ups every day. と表現します。

⑦ 【顕微鏡】「マイクロバス」や「マイクロチップ」からわかるとおり micro- は「小さい」の意味で，microscope は「ごく小さい物を見る器具」ということ。そこから micro を「大きくする」の意味と考えて，「音（phone）を大きくするもの」を microphone（マイク）と言うようになりました。

026 「そんな言葉知らない」ではすまされない言葉

● 次の各問いに答えてください。

① CEO（最高経営責任者）＝ chief （　）officer の空所に入る語は？

② an ill-bred child とは，どんな子どものこと？

③ deep-sea, freshwater, tropical から連想される名詞は？

④ movie, shooting, fixed から連想される名詞は？

⑤ firebug とは日本語でどんな意味？

⑥ chronic disease とはどんな病気？

⑦ athlete's foot（運動選手の足）とは何のこと？

① 【**executive**】executive は「幹部（の）」の意味の形容詞です。

② 【**しつけの悪い子**】bred は breed（育てる）の過去分詞。breed は一般に「繁殖する［させる］」の意味で動物に対して使われます。ill-mannered（行儀が悪い），ill-tempered（機嫌が悪い）など，ill- はさまざまな複合語を作ります。

③ 【**fish**】fish の前にこの3語を置くと，「深海魚」「淡水魚」「熱帯魚」の意味になります。

④ 【**star**】star の前にこの3語を置くと，「映画スター」「流れ星」「恒星」の意味になります。

⑤ 【**放火犯**】firebug は放火（arson）をする人のことで，bug には「～狂」の意味もあります。shutterbug は「写真狂」です。同様の意味を表す語に buff・fiend・freak・maniac などがあり，これらの語の前に film をつけると「映画マニア」の意味になります。

⑥ 【**慢性の病気**】chronic は「慢性の」という意味。（「急性の」は acute）。

⑦ 【**水虫**】「私は水虫です」は I have athlete's foot. と言い，冠詞はつけません。「足にマメができた」は I got a blister[corn] on my foot. と言います。

さりげなく使いたい「仕事」の英単語

●次の各問いに答えてください。

① assistant は「助手」, attendant は「出席者, 係員」。では, accountant は？

② 「厳しい上司」は a strict boss。では「寛大な上司＝ a (　) boss」の空所に入る, g で始まる語は？

③ 「会議を延期する＝ put (　) the meeting」の空所に入る語は？

④ 「手を挙げる＝(　) one's hands」「資金を集める＝(　) funds」の空所に共通して入る語は？

⑤ 「棒グラフ」は bar graph, では,「円グラフ」は何と言う？

⑥ interest rate って何のこと？

⑦ sell : sale ＝ lose : (　) の空所に入る語は？

⑧ 「仕事を探す＝ (　) for a job」の空所に入る, h で始まる語は？

① 【会計士】-ant は「～する人」の意味を表します。account は「勘定，収支計算」の意味で，これを行うのが accountant です。公認会計士は CPA（certified public accountant）と言います。

② 【generous】generous は「（金銭的に）気前がいい」の意味でも使います。

③ 【off】「延期する」は postpone とも言います。

④ 【raise】raise は「レイズ」と読みます。「資金調達」は fund raising，それを行う人は fund raiser です。

⑤ 【pie chart】円グラフの形を食べ物のパイにたとえたものです。パイはアメリカでは特に身近な食べ物で，as easy as pie（とても簡単だ），pie in the sky（絵にかいたもち）のような表現もあります。また「（利益などの）分け前」の意味もあり，日本語でも「パイが小さい」などと言います。

⑥ 【利率】interest は「興味」のほか「利益」の意味があり，public-interest activity は「公益活動」です。さらに「利子，利息」の意味にもなり，borrow money at 8 percent interest（8％の利子で金を借りる）のように使います。「公定歩合」は official bank rate，「為替レート」は exchange rate と言います。

⑦ 【loss】「売る：販売＝失う：損失」。動詞と名詞形の関係です。

⑧ 【hunt】hunt はもともと「狩をする」の意味です。

さりげなく使いたい「食」の英単語

028

●次の各問いに答えてください。

① 「堅いステーキ」を英語で何と言う？

② 「柔らかいステーキ」を英語で何と言う？

③ ground meat とはどんな肉のこと？

④ aquaculture は日本語でどんな意味？

⑤ sour grapes（すっぱいブドウ）という言葉には、どんな比喩的な意味がある？

⑥ 「サラダを作る」を意味する正しい表現は？
　① make a salad　② cook a salad

⑦ 「食卓のしたくをする」は set the table。では「食卓を片付ける＝（　）the table」の空所に入る動詞は？

① 【tough steak】前述のように tough には「堅い」のほか「丈夫な」「難しい」などの意味があります。

② 【tender steak】tender には「優しい」の意味もあります。株式公開買付（TOB = takeover bid）を tender offer と言いますが，この tender は「入札，公開買付」の意味です。

③ 【ひき肉】名詞の ground は「地面」の意味ですが，grind（ひく，すりつぶす）の過去形・過去分詞も ground です。霜降り肉は marbled meat と言いますが，これは「大理石（marble）模様の肉」の意味です。

④ 【水産養殖】水（aqua）＋栽培（culture）＝水産養殖（aquaculture）ということです。fish farming とも言います。「農業」は agriculture = agri（畑）＋ culture（耕作，栽培）。「水族館」は aquarium = aqua（水）＋ rium（場所）です。

⑤ 【負け惜しみ】ブドウを取ろうとして手が届かなかったキツネが「すっぱいブドウだった」と言ったというイソップ童話から。

⑥ 【①】cook は加熱して調理する場合に使います。

⑦ 【clear】clear は「（余分なものを）取り除いて片付ける」の意味。clear the snow は「雪かきをする」です。

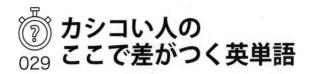

カシコい人の ここで差がつく英単語

●次の各問いに答えてください。

① 「多額の金＝ a large (　) of money」の空所に入る語は？
　① cost　② price　③ sum　④ number

② deep：depth ＝ high：(　) の空所に入る語は？

③ 兵器の一種で，land mine とは何でしょう？

④ 「会社の創立記念日 ＝ the anniversary of the (　) of the company」の空所に入る語は？

⑤ <u>Customs</u> were very strict at the airport. の下線部の意味は？

⑥ radioactivity とはどんな意味でしょう？

⑦ 次の会話で，お客が注文している飲み物は？
　A：What would you like?
　B：I'd like a hamburger and a decaf.

① 【③】sum は「金額」。amount（量）も使えます。

② 【height】「深い：深さ＝高い：高さ」。形容詞：名詞の関係です。

③ 【地雷】「地雷を置く」は lay[set] a land mine，「地雷を除去する」は remove[clear] a land mine と言います。「魚雷」は torpedo，「時限爆弾」は time bomb。「自爆テロ」は suicide（自殺）bombing と言います。mine には「鉱山」の意味もあり，coal mine は「炭鉱」の意味です。

④ 【foundation】foundation（創立）は found（創立する，基礎を作る）の名詞形で，「土台」の意味もあります。ファンデーション（化粧の土台）も foundation です。また，「財団（法人）」の意味もあります。基本的人権は fundamental human rights です。

⑤ 【税関】「その空港の税関はとても厳しかった」。custom には「習慣」のほかに複数形で「税関」の意味もあります。

⑥ 【放射能】radio には「放射線を出す」の意味があります。これに active（活性の）を加えた radioactive は「放射性の」，その名詞形 radioactivity は「放射能」です。radiate は「（光や熱を）放射する」の意味で，radiator は「放熱機，（車の）ラジエーター」。

⑦ 【コーヒー】decaf は decaffeinated（カフェイン抜きの）の短縮形で，カフェインの入っていないコーヒーや紅茶のことです。炭酸飲料は carbonated[fizzy] drink といいます。

カシコい人の一気に差がつく英単語 030

● **次の各問いに答えてください。**

① Democratic Party の party はどんな意味？

② theater(劇場)をイギリス流につづると？

③ in alphabetical order は「アルファベット順に」の意味です。では、in chronological order の意味は？

④ develop：development ＝ invite：(　) の空所に入る語は？

⑤ 「性別にかかわらず＝ regardless (　) gender」の空所に入る前置詞は？

⑥ polygraph ＝(　) detector の空所に入る、l で始まる語は？

⑦ He rejected my offer. ＝ He turned (　) my offer. の空所に入る語は？

⑧ 「アパートを借りる＝(　) an apartment」の空所に入る語は？

① **【政党】** party には「政党（political party）」の意味があります。LDP という略語は日本の自民党（Liberal Democratic Party）の頭文字です。

② **【theatre】** イギリス流のつづりでは，ter は tre となります（例：center → centre）。honor〈米〉と honour〈英〉などにも注意。

③ **【日付［年代］順に】** chronology は「年代順配列，年代記」。

④ **【invitation】**「発達する：発達＝招待する：招待」。動詞：名詞の関係です。

⑤ **【of】** regardless of ～ で「～とは無関係に」。gender は「性（sex）」の意味です。

⑥ **【lie】** polygraph は「うそ発見器」。detect は「見つける」の意味で，detective は「探偵」です。

⑦ **【down】** turn down は「～を拒絶する（reject）」の意味。

⑧ **【rent】** 無料で借りるのは borrow ですが，有料で借りるときは rent を使います。

031 「からだ」と「しぐさ」について英語で言ってみよう

●次の各問いに答えてください。

① 「ひどいかぜをひいている」は have a bad cold。では「軽いかぜをひいている＝ have a (　) cold」の空所に入る，s で始まる語は？

② 「重傷＝(　) injury」の空所に入る語は？

③ 日本人にも多い diabetes とはどんな病気？

④ anger：angry ＝ energy：(　) の空所に入る語は？

⑤ 病院で医者からもらう「処方箋」を英語で何と言う？

⑥ 温度計は thermometer。では，audiometer とは何を計るもの？

⑦ index finger とは，何指のこと？

① 【slight】slight は「(程度が) わずかな」の意味で, a slight increase（微増）のように使います。

② 【serious】「深刻な (serious) けが」と表現するのが正解。grave（重大な）も使えます。「彼は重病だ」は He's seriously ill. です。さらに深刻になると, critical という形容詞を使います。「彼は危篤だ」は He's in critical condition. と言います。

③ 【糖尿病】「ダイアビーティス」と読みます。

④ 【energetic】「怒り：怒っている＝精力：精力的な」。名詞：形容詞の関係です。

⑤ 【prescription】prescription（処方箋）は prescribe（処方する）の名詞形です。scrib・script は「書く」の意味を表す語根で, prescribe は「前もって書く」, describe は「下に書く→描写する」, manuscript は「手で書いたもの→原稿」。

⑥ 【聴力】audio- は「音の, 聴覚の」の意味です。audience（聴衆）, auditorium（講堂←聞く場所）なども同様です。audit（会計検査）も, 昔は口頭で行われていたことに由来します。pedometer は「万歩計」の意味です。

⑦ 【人差し指】index とは「指示するもの, 指標」の意味で, index finger は「物を差し示す指」ということ。中指は middle finger, 薬指は ring finger（指輪をはめる指）, 小指は little finger と言います。

032 一瞬でできますか？わかりますか？①

●次の各問いに答えてください。

① 「博多行きの電車＝ a train (　) Hakata」の空所に入る前置詞は？

② 「電話を切る＝ hang (　)」の空所に入る語は？

③ farm, firm, form, forum のうち，「会社」の意味で使う語は？

④ 「タクシー乗り場＝ taxi (　)」「暑さをがまんする＝ (　) the heat」の空所に共通して入る語は？

⑤ pajama という語を使って，「1着のパジャマ」を英語すると？

⑥ 「ボートをこぐ＝ (　) a boat」の空所に入るのは，law, low, raw, row のうちのどれ？

⑦ 「足の裏」を英語で何と言う？

⑧ 「無いものねだりをする＝ cry for the (　)」の空所に入る，m で始まる語は？

① 【for】a train bound for Hakata とも言います。bound は bind（縛る，製本する）の過去分詞で，leather-bound book と言えば「革表紙の本」ですが，be bound for 〜の形で「(列車などが) 〜行きである」という意味にもなります。

② 【up】「電話を切らずに待つ」は hold on と言います (143頁参照)。

③ 【firm】firm には「堅い」の意味もあります。farm は「農場」form は「形」，forum は「討論会」です。

④ 【stand】動詞の stand には「立つ」のほかに「〜をがまんする」の意味があります。

⑤ 【a pair of pajamas】上下でセットになっているので「1対の (a pair of)」を使います。a suit of pajamas とも言います。

⑥ 【row】law は「法律」，low は「低い」，raw は「生の」。

⑦ 【sole】足の裏は sole，足の甲は instep です。sole には「靴底」「シタビラメ (形が足の裏に似ています)」の意味もあります。toe は足の指 (tiptoe はつま先)，heel はかかとです。なお，sole には「唯一の」の意味もあり，sole heir と言えば「唯一の相続人」のことです。

⑧ 【moon】「月を求めて泣く」が元の意味。

033 一瞬でできますか？わかりますか？②

●次の各問いに答えてください。

① r□ythm と alco□ol の□に共通する文字を入れて2つの語をつくってください。

② 「ワンルームマンション＝ studio ( )」の空所に入る語は？

③ dorm はどんな語の短縮形？

④ bread : baker ＝ flower : ( ) の空所に入る語は？

⑤ past : future ＝ ( ) : latter の空所に入る語は？

⑥ 「義務感＝ the ( ) of duty」の空所に入る語は，feeling, idea, meaning, sense のうちのどれ？

⑦ メールの結びに「敬具」の意味で使う語は，次のうちのどれ？
① Dear　② Thanks　③ Regards　④ Postscript

⑧ 「電車に乗る＝ get ( ) the train」と「ドアをノックする＝ knock ( ) the door」の空所に共通して入る語は？

① 【h】rhythm は「リズム」，alcohol は「アルコール」です。

② 【apartment】英語の mansion は「大邸宅」の意味。日本語のマンションに当たる英語は apartment です。

③ 【dormitory】dormitory は「寮」。まかない付きの下宿屋は boarding house と言います。ちなみに condo は condominium（分譲マンション）の短縮形です。

④ 【florist】「パン：パン屋［職人］＝花：花屋」です。パンを売る店は bakery，花を売る店は florist's [flower shop]。

⑤ 【former】「過去：未来＝前者：後者」。対立する意味を表す語を入れます。

⑥ 【sense】「～感」は sense で表します。「責任感」は the sense of responsibility です。

⑦ 【③】regard は「考慮，敬意」の意味で，手紙の末尾で「敬具」の意味で With best regards.（最高の敬意をこめて）などと書きます。また，Sincerely yours, Yours (very) truly などとも言います。メールでは (Best) regards と書くのが普通です。

⑧ 【on】「電車から降りる」は get off the train です。

1 英語で気持ちを伝えるには「単語力」が必要だ

034 言われてみれば やけに気になる英単語①

●次の各問いに答えてください。

① octagon とは何角形のこと？

② 「専業主婦＝ a (　) house wife」の空所に入る，f で始まる語は？

③ 英米圏でも人気のある小説のジャンル whodunit とはどんな種類の小説？

④ 「キャンプに行く」は英語で go camping。では，「キャンプ場所」は？

⑤ safe：dangerous ＝ quiet：(　) の空所に入る，n で始まる語は？

⑥ 「現代風だ」は up to date。では「時代遅れだ」を date を使って表現すると？

⑦ the right to vote ってどういう意味？

① 【八角形】タコを octopus と言うことからもわかるように，octa は「8」を表し，octagon は八角形です。アメリカの国防総省の俗称「ペンタゴン」は，建物の形が五角形（pentagon）であることに由来します。

② 【full-time】full-time はもともと「常勤の」の意味で，反意語は part-time（非常勤の）です。

③ 【推理小説】whodunit は Who done [=did] it?（だれがそれをしたのか）から来た語で，detective story（推理小説）のこと。SF は science fiction（空想科学小説），スパイ小説は spy novel です。

④ 【campsite】site は「場所」の意味で，building site は「建築現場」，dump site は「ごみ捨て場」です。camper はキャンプをする人，「キャンプ場」は campground とも言います。

⑤ 【noisy】「安全な：危険な＝静かな：騒がしい」。反意語の関係です。

⑥ 【out of date】update は「最新のものにする，アップデートする」の意味。

⑦ 【選挙権】the right to vote は「投票する権利」つまり「選挙権」のことです。right（権利）と対になる語は duty（義務）で，cleanup duty は「掃除当番」です。副詞の right は「ちょうど，まさに」。right now[away] は「今すぐに」の意味です。

035 言われてみれば やけに気になる英単語②

●次の各問いに答えてください。

① 「死んだように眠る＝ sleep like a（　）」の空所に入る語は？

② 「親指＝ thum□」の□に入る文字は？

③ 好ましくない仕事や状況から離れることを「足を洗う」と言いますが、英語では wash one's（　）と言います。空所に入る語は？

④ 「息子はまだおねしょが直らない＝ My son still（　）his bed.」の空所に入る語は？

⑤ 「卵を産む＝（　）an egg」の空所に入る、l で始まる語は？

⑥ fund-raising campaign ってどんな意味？

⑦ sign language ってどんな意味？

⑧ 「家系図＝ family（　）」の空所に入る、t で始まる語は？

① 【log】英語では「丸太（log）のように眠る」と表現します。昔は船の速度を計るために，測程儀（chip log）という板を使っていました。ここから log は「航海日誌→記録」の意味で使われるようになり，コンピュータに残った記録もログ（log）と言うようになりました。

② 【b】発音は [ʌm]（サム）。b は発音しません。

③ 【hands】日本語では「足を洗う」ですが，英語では「手を洗う」と言い，He washed his hands of the business.（彼はその商売から足を洗った）のように使います。

④ 【wets】「ベッドをぬらす」で「おねしょをする」の意味になります。

⑤ 【lay】lay には「横にする，置く」の意味もあります。

⑥ 【募金活動】すでに触れましたが raise には「上げる」「育てる」のほか「（資金を）集める」の意味があります。fund-raising は「資金調達」です。署名運動は sign-in と言います。

⑦ 【手話】署名のサインは sign でなく signature ですが，野球で監督などが出すサインは sign です。sign には「身振り，合図」の意味があり，sign language とは「手話」を意味します。「点字」は，考案者の名前を取って Braille と言います。

⑧ 【tree】姻戚関係を木の枝のように示した形からきた言葉です。

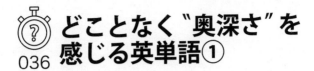

036 どことなく "奥深さ" を感じる英単語①

●次の各問いに答えてください。

① duty-free shop の duty はどんな意味？

② air（空気）を動詞で使うと，どんな意味になる？

③ pee という幼児語はどんな意味？

④「マイナスの影響＝（　）effect」の空所に入る語は？

⑤「三輪車」は英語で何と言う？

⑥「シャツを着る」は put on a shirt。では「シャツを脱ぐ」は何と言う？

① 【関税】duty-free shop は「免税店」，つまり「関税（duty）を課されない店」です。関税は customs duties とも言い，税関は customs，税関検査は customs inspection です。

② 【放送する】動詞の air は，「空気に当てる」から転じて「放送する（broadcast）」の意味でも使われます。「放送中だ」を日本語で「オンエア」と言いますが，これに当たる英語は on (the) air です。「〜航空」の意味でも使い，「エールフランス航空」の英語名は Air France です。

③ 【おしっこ】「おしっこ」は pee(-pee), wee-wee などと言います。「うんち」は doo-doo, doody, jobbie などとも言います。また，「おしっこ」を number one，「うんち」を number two と言ったりもします。

④ 【negative】negative は「否定的な，マイナスの」の意味で，反意語は positive（積極的な，プラスの）です。minus（マイナス（の））は数学で使うのが普通で，minus effect とは言いません。検査などの「陽性」「陰性」にも positive・negative を使います。

⑤ 【tricycle】自転車は bi（2）＋ cycle（輪），三角形は tri（3）＋ angle（角度）です。ここから考えると，「三輪車」は tri（3）＋ cycle（輪）で tricycle となります。bi や tri はギリシャ語からきた接頭辞で，「1」は mono です。「一輪車」は monocycle と言います。

⑥ 【take off a shirt】put off（延期する）と混同しないように。

037 どことなく"奥深さ"を感じる英単語②

● 次の各問いに答えてください。

① diet は「ダイエット，食事」の意味ですが，the Diet と大文字で書くとどんな意味になる？

② drive a nail の nail はどんな意味？

③ 手の平を上にして両肩をすくめる動作は，無関心・軽蔑・疑問などを表します。この動作を英語で何と言う？

④ イギリス英語の lift は，アメリカ英語では elevator です。では，イギリス英語の queue に当たるアメリカ英語は？

⑤ 「ちりんちりんと鳴る」という意味を表す j で始まる動詞は

⑥ 「早口言葉＝ tongue（　）」の空所に入る語は？

① 【国会】アメリカ議会は the Congress, イギリス議会は the Parliament です。日本の衆議院やアメリカの下院は the House of Representatives, 日本の参議院は the house of Councilors, アメリカの上院は the Senate と言います。

② 【釘】drive (in) a nail は「釘を打つ」の意味です。nail puller は「釘抜き」。「爪」の意味では, nail clippers（爪切り）, nail polish（マニキュア液）, bite one's nail（爪をかむ）などの語句を作ります。

③ 【shrug】肩をすくめて「さあてね」「わからないね」「知らないな」などのニュアンスを表す動作は, shrug (one's shoulders) と言います。

④ 【line】queue（キュー）は「列」の意味。「列になって待つ」はイギリスでは wait in a queue, アメリカでは wait in line と言います。

⑤ 【jingle】クリスマスの「ジングルベル」からもわかるとおり, jingle は「(鐘が) ちりんちりんと鳴る」音を表す擬声語です。また, 短く調子のよいＣＭソングのことも jingle と言います。

⑥ 【twister】twist は「ねじる, もつれさせる」の意味で, 早口言葉は「舌をもつれさせるもの」と表現します。She sells sea shells by the sea shore.（彼女は海岸で貝殻を売っている）や, Peter Piper picked a peck of pickled peppers.（ピーター・パイパーは１ペックの酢漬けとうがらしをつまんだ）などはよく知られた早口言葉です。

知っていれば自慢できる英単語①

038

●次の各問いに答えてください。

① Beth という愛称の正式な名前は？

② sun の形容詞は solar（太陽の）。では，moon の形容詞は？

③ 次の２つの文のうち，アメリカ英語はどっち？
① I got a driver's license. ② I got a driving licence.

④ 「クラス会＝ class (　)」に入る語は，company, meeting, reunion のうちのどれ？

⑤ 「母子家庭＝(　) family」の空所に入る，fで始まる語は？

⑥ 建物の階を表す表現で，the first floor の意味はアメリカとイギリスとで異なります。どのように違うのでしょう？

⑦ shakedown とはどんな犯罪？

⑧ 「違法にコピーしたＣＤ＝(　) CD」の空所に入る語は？

① 【Elizabeth】Betty, Liz も Elizabeth の愛称です。

② 【lunar】star の形容詞は stellar（星の）。

③ 【①】「運転免許証」は，アメリカ英語では driver's license，イギリス英語では driving licence と言うのが普通です。s と c の違いにも注意しましょう。

④ 【reunion】re（再び）＋ union（結合）から，「再会の集い」を reunion と言います。

⑤ 【fatherless】「父親がいない家庭」と表現すれば OK です。

⑥ 【アメリカでは「1階」，イギリスでは「2階」】イギリスでは「1階」は the ground floor と言い，2階から上を the first[second, third ...] floor と言います。

⑦ 【ゆすり】「振って（shake）落とす（down）」から連想できるとおり，shakedown は「ゆすり，恐喝」です。また，「徹底的捜索」の意味もあります。誘拐は kidnapping，盗聴は (wire) tapping，詐欺は fraud，万引きは shoplifting と言います。

⑧ 【pirate】pirate は「海賊」。動詞としては「海賊行為をする，著作権を侵害する」の意味で使います。pirate(d) CD は「海賊版ＣＤ」です。piracy は「海賊行為」で，She sued the company for piracy.（彼女はその会社を著作権侵害で訴えた）のように言います。「著作権」は copyright，「印税」は royalty です。

知っていれば自慢できる英単語②
039

●次の各問いに答えてください。

① ivy-covered wall は「つたにおおわれた壁」です。では, graffiti-covered wall の表面をおおっているものは何？

② 次のうちで, 最も「細い」のはどれ？
① thread ② string ③ rope

③ rabbit（飼われているウサギ）に対して「野ウサギ」は英語で何と言う？

④ a bare tree とは, どんな木のこと？

⑤ mercury とはどんな金属のこと？

⑥ gear は「歯車」, spring は「ばね」。では, lever とは何？

⑦ プランター（planter）は植物（plant）を栽培する容器のこと。では, auto plant は？

① 【落書き】graffiti とは，建物の壁などに書かれた落書きのこと。ノートの落書きは doodle, scrawl, scribble などと言います。

② 【①】thread は糸 (needle and thread ＝糸と針，裁縫道具)，string はひも (shoestring ＝靴ひも)，rope は縄 (rope-jumping ＝縄跳び) です。

③ 【hare】「不思議の国のアリス」に March Hare（三月ウサギ）というウサギが登場しますが，これは繁殖期に当たる三月のウサギは狂ったように飛び跳ねることからの命名（267 頁参照）。

④ 【落葉した木】bare は「裸の」の意味で，bare tree は「葉のついていない木」。bare hands は「素手」，walk barefoot は「裸足で歩く」，This room is bare. は「この部屋は殺風景だ」です。

⑤ 【水銀】mercury（水銀）は，惑星の Mercury（水星）から名付けられたものです。銅は copper ですが，「銅メダル」は bronze medal と言います (bronze ＝青銅)。白金は platina です。

⑥ 【てこ】lever は「てこ，レバー」のこと。leverage は「てこの作用」から転じて「影響力，勢力」「利用する」の意味でも使います。ビジネス英語では，leverage in expanding market share（シェア拡大のプラス材料）のような言い方をします。なお，同じレバーでも「肝臓」は liver とつづります。

⑦ 【自動車工場】auto は automobile（自動車），plant は工場 (factory) です。power plant[station] と言えば「発電所」。

知っていれば自慢できる英単語③

040

●次の各問いに答えてください。

① nuclear power plant は「原子力発電所」です。では，hydro power plant とはどんな発電所？

② limestone とはどんな石のこと？

③ bibliophile とはどんな人？

④ seeing-eye dog とはどんな犬？

⑤ 冬に寒い地方の屋外で見られるもので，icicle とは何？

⑥ pouring rain ってどんな雨？

① **【水力発電所】** hydro は「水」を表すギリシャ語に由来します。火力発電所は thermal[heat] power plant, 風力発電所は wind power plant, 地熱発電所は geothermal power plant です。geo は「大地」の意味で, geography は「地理学」です。

② **【石灰石】** 大理石は marble, 石炭は coal です。lime には「石灰」の意味があり, limestone cave と言えば「鍾乳洞」のことです。昔は舞台用の照明器具に石灰石が使われており, チャップリンの映画「ライムライト」でおなじみの limelight とはスポットライトのことです。

③ **【本好き】** biblio は「本」を表します。phil(e) は「〜好き」を意味し, philharmonic は「音楽好きの, 交響楽団」の意味です。

④ **【盲導犬】** seeing-eye dog は「目の見える犬」ということから盲導犬のことです。猟犬は hound[hunting dog], 番犬は watchdog です。ブルドッグ (bulldog) は, 囲いの中で雄牛 (bull) を攻めたてる見世物 (bull baiting) に使う犬を意味しました。

⑤ **【つらら】** 「軒につららが下がっている」は, Icicles are hanging from the eaves. と言います。「霜が降りた」は Frost formed., 「雪が 10 センチ積もった」は The snow lay 10 centimeters deep., 「道路の雪かきをする」は clear the snow off the street と言います。

⑥ **【土砂降りの雨】** fine rain は「こぬか雨」, drizzling rain は「しとしと降る雨」。It never rains without pouring.（降れば必ず土砂降りだ→泣きっ面に蜂）ということわざがあります。

《日本人が知らない英語のツボ1》

✤

英単語はいくつ覚えればいいの？

日本人が中学・高校の教科書で学習する英単語の数はおよそ3,000語であり，日常的によく使われる語はその半分程度だと言われています。したがって1,500語程度の単語を覚えておけば，理屈の上では英語を話したり聞いたりするのに大きな支障はありません。ネイティブでない英語話者が必要最低限のコミュニケーションを行うための英語を意味する「グロービッシュ」（由来はglobal English＝世界的規模の英語）という言葉が近年使われ始めていますが，グロービッシュの必須単語も約1,500語です。

ただし基本語にはさまざまな意味や使い方があり，単に意味だけを覚えていてもあまり役に立ちません。特にcome, get, go, make, takeなどの基本動詞は，さまざまなイディオムを作ります。それらを利用すれば，たとえば「彼女は母親似だ」をShe takes after her mother. のように中学レベルの基本語だけで表現することができます（take after = resemble =～に似ている）。「約1,500語だけ覚えておけば英会話ができるのか。簡単だな」と安易に考えないように。勉強もスポーツもダイエットも投資も，努力をしないで大きな成果を挙げることができないのは言うまでもありません。

特集1

英語で自然にやりとりするにはコツがいる＜基本編＞

たとえば日常的なあいさつとして，"How are you?" "I'm fine, thank you." というやりとりを中学のときに習った覚えがあると思います。ここでは，状況別によく使う表現のバリエーションを増やすことを目指して，似た意味を表すフレーズをたくさん紹介します。時には違った言い回しを使ってみることで，会話力の幅が広がるはずです。特に，相手に失礼にならない「控えめな言い方」をたくさん覚えておくとよいでしょう。

気持ちのよい人間関係は、このひと言からはじまる①

◉相手に話しかける

1 **Excuse me.** （すみません［ちょっと失礼します］）

相手の注意を引いたり,「ごめんなさい」と軽くわびたりするときに使う一般的なフレーズ。携帯電話がかかってきて席を外すときや,相手の言ったことがよく聞き取れなかったときにも使います。しばしば「スキューズミー」と発音されます。

連れと一緒に人ごみの中を急いでいるとき,Excuse us. と言えば「すみません,ちょっと（私たちを）通してください」という意味になります。

2 **Excuse me for asking, but** are you a school teacher?
（つかぬことを伺いますが,あなたは学校の先生ですか？）

「こんなことを尋ねるのは失礼なのですが」という意味。Excuse me の後ろにはしばしば but を置きます。次のような言い方も覚えておきましょう。
- I have something to tell you.（ちょっとお話があるのですが）
- Could you spare me a minute?（少しお時間いいですか？）
- May I ask you something?（ちょっとお尋ねしてもいいですか？）

3 **I'm sorry to interrupt you.** （お話中失礼します）

interruptは「中断する，邪魔をする」。次のような言い方も覚えておきましょう。
- (I'm) sorry to disturb you, but 〜（お邪魔してすみませんが〜）
- (I'm) sorry to trouble [bother] you, but 〜
  （面倒をおかけしてすみませんが〜）

---

④ **Guess what.**（あのね，言ってあげようか）

「何のことか推測してごらんなさい」ということ。言われた人はWhat？（何なの？）と答えます。

---

⑤ **You know what?** Why don't we have a beer after work?
（あのさあ。仕事の後にビールでもどう？）

「ねえ，聞いてよ」と相手の注意を促す表現。

---

⑥ **Did you know (that)** Mariko is getting married?
（マリコが結婚するって，知ってた？）

話題を提供する言い方。Did you hear about Mariko?（マリコのこと，聞いた？）なども使えます。

---

⑦ **Just between you and me.**（ここだけの話だよ）

気持ちのよい人間関係は、このひと言からはじまる②

◉初対面の人にあいさつする

1 **I've heard a lot about you.**（おうわさはかねがね伺っています）

- -

2 **Let me introduce myself.**（自己紹介させてください）

Let me ～．（～させてください）は会話でよく使うので，いろんな言い方を覚えておきましょう。
・Let me know your e-mail address.（あなたのメールアドレスを教えてください）
・Let me have a look at the photo.（その写真をちょっと見せてください）
・Let me out.（〈電車などで〉降ろしてください）

- -

3 **How do you know each other?**
（あなたたちはどういうご関係ですか？）

直訳は「あなたたちはどのようにして知り合ったのですか」。

◉別れのあいさつをする

1 **I have to go now.**（もう行かなくちゃ）

Time to go.（もう行く時間だ）とも言います。

② I'm going now. Bye. （失礼するよ。さようなら）

③ Would you excuse me [us]? （〔そろそろ〕失礼します）

退出したり席を中座したりするときに使う表現。Would you excuse us? は「席を外して（私たちだけにして）もらえますか」の意味でも使います。

④ See you later [then]. （じゃあ, またね）

⑤ Take care. （気をつけて［さようなら］）

⑥ Have a nice weekend. （よい週末を）

金曜日の仕事帰りに職場の同僚に「お疲れ様, また来週」と言って別れるときに使えます。次のような言い方もあります。
- Have a nice trip.（旅行を楽しんできてね）
- Have a nice time.（デートを楽しんできてね）
- Have a good day.（さようなら［行ってらっしゃい］）
- Have a good time.（楽しんでね）〈お客に〉

⑦ I'm looking forward to seeing you again.
（また会えるのを楽しみにしています）

⑧ Drop in on me when you're in this area.
（こちらにおいでの際はお立ち寄りください）

●久しぶりに会った人になんていう？

1 **It's been a long time.** （お久しぶりですね）

「前に会ったときから長い時間がたっている」という意味。It's been ages. とも言います。

---

2 **Long time no see.** （久しぶりだね）

文法的には説明できませんが，会話でよく使う表現です。

---

3 **You haven't changed a bit.** （君はちっとも変わってないね）

---

4 **How have you been?** （元気にしてた？）

---

5 **What have you been doing since then?** （その後どうしていたの？）

---

6 **How's your family?** （ご家族はお元気ですか？）

---

7 **Small world!** （世の中は狭いですね）

意外な場所で会った人にあいさつするときの表現。What a coincidence!（奇遇ですね［何という偶然でしょう］）とも言います。

これが言えれば、困ったときに必ず役立つ

●相手の顔や名前が思い出せないとき

① **Do I know you?**（どなたでしたっけ？）

Do you know me? では相手に失礼。「私はあなたを知っているでしょうか」と尋ねましょう。

② **Have we met before?**（以前にお会いしたことがありますか？）

Don't I know you from somewhere?（どこかでお会いしましたか？）などとも言えます。

●道に迷ったとき

① **Would you tell me the way to the station?**
（駅へ行く道を教えていただけますか？）

道順や場所を尋ねるフレーズには，次のような言い方もあります。
・Can you help me? I'm lost.
（すみません。道に迷ってしまったのですが）
・Is there a police station around [near] here?
（このあたり［近く］に交番がありますか？）
・How far is it to the nearest subway station?

(最寄りの地下鉄の駅まではどのくらい距離がありますか？)

② **How long does it take to walk there?**
(そこまで徒歩でどのくらい時間がかかりますか？)

It takes <u>20 minutes</u> to walk there.（そこまで徒歩で20分かかります）のような文の下線部を How long で尋ねる形です。

●物をなくしたとき

① **I've lost my passport.** （パスポートをなくしてしまいました）

現在完了形（have lost）を使うと「なくして今困っている」という意味を表せます。

② **I've locked myself out of my room.**
(部屋の中に鍵を忘れてしまいました)〈ホテルで〉

「(鍵をかけて)自分を部屋の外に出した」ということ。ほかに次のような言い方をおさえておきましょう。
・My suitcase is missing.（スーツケースが見当たりません）
・I'm looking for my car key.（車の鍵を探しているんだ）
・I left my purse at the restaurant.（レストランにハンドバッグを置き忘れました）

●トイレを探すとき

① **Where can I wash my hands?** （お手洗いはどこですか）

Where is the toilet?（トイレはどこですか）は少しストレートすぎ。この文の直訳は「どこで手を洗えますか」です。

② Is there a Ladies near here?
(この近くに女性用トイレはありますか)

女性用トイレは ladies(') room, powder room とも言います。男性用トイレは men's room, Gents です。

③ May I use your bathroom?（トイレをお借りできますか）

家庭用のトイレは bathroom, lavatory, toilet などで表します。

④ Nature calls.（トイレに行きたい）

「自然が呼んでいる」というくだけた比ゆ表現。主に男性同士で使います。

ふだんの英会話、そう言えばよかったのか①

●道を教える

① **Please go that way.** (あちらの方へ行ってください)

② **It's straight ahead.** (まっすぐ行ったところです)

It's just down the street. (この道をまっすぐ行ったところです)
とも言えます。

③ **Go straight and turn right at the second corner.**
(まっすぐ行って，2番目の角で右に曲がりなさい)

④ **You'll find the hotel on your right.** (右手にホテルが見えます)

⑤ **You can't miss it.** (すぐわかります)

「見逃すはずがない」ということ。

⑥ **This street leads to City Hall.** (この通りを行けば市役所に着きます)

⑦ **It's just across the street.** (通りのすぐ向こう側です)

「ホテルの向かいに」は opposite the hotel,「劇場と銀行の間に」

は between the theater and the bank。

8 **Sorry, I'm not from around here.**（すみませんが，このあたりはよく知りません）

次のようにも言います。
- I'm a stranger here.（このあたりはよく知りません）
- I'm new here, too.（私もここは初めてです）

●タクシーに乗る

1 **Take me to this address, please.**（この住所に行ってください）

2 **Turn left at the next intersection, please.**
（次の交差点を左に曲がってください）

3 **Please drop me off at that corner.**
（あの角で降ろしてください）

4 **Can you stop here?**（ここで停めてください）

Stop here, please. でもかまいませんが，「止めてもらえますか？」という質問の形にすると穏やかに響きます。

5 **That's not what the meter shows!**（料金がメーターと違います）

ふだんの英会話、そう言えばよかったのか②

●コーヒーを飲む

1 How would you like your coffee?

（コーヒーはどうやって飲みたい［何を入れる］？）

・・

2 I'd like mine strong with milk. （濃くして，ミルクを入れてよ）

コーヒーやお茶が「濃い」は strong,「薄い」は weak で表します。

・・

3 I'd like it black. （ブラックにしてよ）

black coffee は，ミルク（と砂糖）を入れないコーヒーのこと。ミルクを入れたコーヒーは white coffee です。

・・

4 I'll have a decaf. （カフェイン抜きのコーヒーをください）

店で注文するときの言い方。decaf は decaffeinated（カフェイン抜きの）の短縮形です。

●レストランで食事をする

1 **What's your specialty?** (この店の自慢料理は何ですか)

specialty は「特製［名産］品」。What do you recommend?(お勧めは何ですか) という尋ね方もできます。

2 **My order hasn't come yet.** (注文したものがまだ来ていません)

order は「注文品」。通販の商品などにも使えます。

3 **How soon can you get it ready?**
(あとどのくらいでできますか)

How soon ～? は「あとどのくらいで～」の意味。

4 **What's for dessert?** (デザートは何ですか)

What's (the) dessert? とは言いません。

5 **Please make that to go.** (持ち帰りたいのですが)

「それを持ち帰り (to go) にしてください」ということ。For here or to go?(こちらでお召し上がりですか, それともお持ち帰りですか) はファーストフード店などの店員が使う決まり文句です。食べ残しの料理を入れて持ち帰るためにお店からもらう袋を doggy bag と言いますが, これは「残り物を家のワンちゃんにあげる」という口実から来た言葉です。

●買い物をする

1 "May I help you?" "No, thanks. I'm just looking."
(「ご用はございますか?」「いえ,けっこうです。ただ見ているだけですから」)

2 I'm being waited on. (もうほかの店員にお願いしています)

〈wait on ~〉は「(店員が客に)奉仕する,給仕する」。

3 Show me another one, please.
(別のを〔1つ〕見せてください)

「別のをいくつか見せてください」なら Show me other ones, please. と言います。

4 I'll take three of these. (これを3つください)

「これをください」は I'll take this.。buy ではなく「選ぶ」の意味の take を使います。

5 Could you order it for me? (取り寄せてもらえますか?)

order は「注文する」。次のような言い方も覚えておきましょう。
・Could you deliver this to my house?(これを家まで配達してもらえますか?)
・I'd like to return this.(これを返品したいのですが)
・Can I get a refund?(返金してもらえますか?)

6 You gave me the wrong change. (おつりが違います)

changeは「おつり，小銭」。次のような言い方もあります。
- I was shortchanged.（おつりをごまかされた［少なく渡された］）
- The change you gave me is 10 yen short.
（もらったおつりが10円足りません）

7 **Could you give me a receipt?** （領収書をいただけますか？）

receiptは日本語と同様に「レシート」と読みます。

8 **Can I pay in installments?** （分割払いにできますか？）

installmentは「分割払い（の1回分）」。「月賦で払う」はpay in monthly installments,「一括払いする」はpay in a lump sumと言います。

《日本人が知らない英語のツボ2》

✤

英単語はどうやったら覚えられるの？

結論を言えば，「万人にきく特効薬」のような英単語の覚え方はありません。しかし「自分に合う方法」は探せば見つかるかもしれないので，いろいろ試してみるとよいでしょう。

単語の覚え方には，大きく言えば「見て覚える」「書いて覚える」「聞いて覚える」の3つの方法があります。脳科学的な観点からも，これらの方法を組み合わせるのがお薦めです。「見て覚える」ための方法については，体育会系的な「とにかく丸暗記」と文科系的な「理解して覚える」というスタイルのどちらが自分の好みかを考えてみましょう。理解重視なら，語源を活用するのも1つの方法です。たとえば re- が「戻る」「再び」の意味の接頭辞であることを知っていれば，return（帰る），respond（応答する），recover（回復する），reconsider（再考する），replace（取り替える）などを意味的に関連づけて覚えることができます。

また，単語は意味だけでなく使い方も覚える必要があります。特に会話でよく使う語はフレーズ単位で覚えるようにしましょう。たとえば would like は want（〜がほしい）の婉曲表現ですが，次のように実際に使う文のパーツとして覚えるのが効果的です。

・I'd like 〜．（〜がほしいのですが）
・Would you like 〜？（〜はいかがですか）
・Which would you like, A or B?
　　（AとBのどちらにしますか）
・How would you like 〜？
　　（〜をどのようにしてめしあがりますか）

2
英語で会話ができる人、まったくできない人

「看板」と「掲示板」が読めますか？①
001

●次の各問いに答えてください。

① BOARD HERE と書かれた看板があるのはどこ？
　① 軽食堂　② バス停　③ ホテル　④ 警察署

② 「ペンキ塗りたて＝（　）PAINT」という看板の空所に入る語は？

③ NO VACANCY という掲示がある場所は？
　①ホテル　②レストラン　③トイレ　④空港

④ 「行き止まり＝（　）END」という看板の空所に入る語は？

⑤ smoke-free section とは「禁煙の場所」「喫煙場所」のどっち？

⑥ 空港の電光掲示などにある ETA は「到着予定時刻」の略語。では「出発予定時刻」を表す3文字の略語は？

⑦ 「売り切れ＝SOLD（　）」という掲示の空所に入る語は？

⑧ 新聞の紙面の片隅に，Help Wanted と書いてありました。どんな意味？

① 【②】「ここで乗車してください」の意味。観光バスの発着場などで見かける看板です。

② 【WET】直訳は「濡れているペンキ」です。

③ 【①】「空き室なし」の意味です。vacancy には「(勤め口の) 欠員」の意味もあります。

④ 【DEAD】come to a dead end (〈仕事などが〉行き詰まる) という言い方もあります。

⑤ 【禁煙の場所】smoke-free は「煙がない」の意味。sugar-free は「糖分がない→無糖の」の意味です。

⑥ 【ETD】それぞれ estimated time of arrival [departure] の頭文字をとったものです。departure は depart (出発する＝ de「離れる」＋ part「分ける」) の名詞形です。apartment (アパート (の一部屋)), participate (参加する＝部分を取る), party (仲間) なども, 「分ける」の意味の part から出た言葉です。

⑦ 【OUT】The item is sold out. (その品は売り切れです) のようにも使います。

⑧ 【従業員募集】Wanted a cook (料理人募集) のようにも使います。ビラなどに単に Wanted とあれば「指名手配」です。求人 [案内] 広告は want[classified] ad, 死亡記事は obituary, 尋ね人の欄は personals, 身の上相談の欄は advice[agony] column です。

002 「看板」と「掲示板」が読めますか？ ②

●次の各問いに答えてください。

① 博物館の前に Admission Free という掲示がありました。どんな意味？

....

② ホテルや劇場などに EMERGENCY EXIT という掲示がありました。どんな意味？

....

③ ホテルなどに置いてある備品で，extinguisher とは何でしょう？

....

④ エスカレーターの乗り口ある HOLD HANDRAIL という表示を日本語にすると？

....

⑤ NC-17 という掲示がある場所は，どこでしょう？

....

⑥ BAGGAGE CLAIM という掲示がある場所は，どこでしょう？

....

⑦ 「求人広告」を want ad と言いますが，ad とは何？

① 【入場無料】admission は admit（(入ることを) 認める）の名詞形で、「入場(料)」の意味で使います。大学の入試担当事務局を admissions office と言い、「AO入試」の AO はその頭文字です。

② 【非常口】emergency は「緊急時」、exit は「出口」です（「入り口」は entrance）。Push this button in an emergency.（緊急時にはこのボタンを押してください）のような表示もよく見られます。「火災報知器」は fire alarm です。

③ 【消火器】extinguish（(火・明かりなどを) 消す）に er がついたもので、fire extinguisher とも言います。

④ 【手すりにおつかまりください】階段の手すりは banister, つり革は strap, 電車の手すりは rail と言います。

⑤ 【映画館】NC-17 は、Not for Children under 17（17歳以下は鑑賞禁止）の意味です。これが最も厳しく、そのほか R (Ristricted = 17歳以下は保護者同伴が必要), PG (Parental Guidance (suggested) = 保護者同伴が望ましい) などの film rating（映画観覧制限表示）があります。

⑥ 【空港】baggage claim は「手荷物引渡し所」。動詞の claim は「(権利として) 要求する、主張する」の意味で、日本語の「クレーム(をつける)」に当たる英語は (make a) complaint です。

⑦ 【advertisement】advertise（広告する）の名詞形です。

英語でこそ言ってみたい ひと言フレーズ

003

● **次の各問いに答えてください。**

①Cheers!, Health!, Bottoms up! と言えば，何をするときのかけ声？

②About face! という号令は，どんな意味？

③「結婚おめでとう！＝（　）on your marriage!」の空所に入る語は？

④「いつ伺いましょうか？」という問いに「いつでもかまいません」と1語で答えてください。

⑤Pass me the remote control.（リモコンを取ってよ）と言われて，「はい，どうぞ」と手渡すときの言い方は？

⑥食べ物のお代わりを勧められたときの表現です。「もう十分いただきました」を英語にすると？

⑦Tom had a car accident.（トムが自動車事故にあった）という発言に対して，聞き手がトムという名前の複数の人物に心当たりがあり，「どのトム？」と姓を尋ねるには英語で何と言いますか？

① 【乾杯】Bottoms up! は「(グラスの)底を上にする」ことからきた表現です。このほか「乾杯!」の意味を表す表現には、Toast!, Drink up!, Cheerio!, Prosit!, Here's to you!, To your health! などもあります。

② 【回れ右!】About face! は「回れ右!」で、make an about-face (〈方針などを〉180度転換する)のようにも使います。ちなみに「気をつけ!」は Attention!。「右向け右!」は Right face! です。

③ 【Congratulations】ちなみに、Congratulations! は「努力して成し遂げたこと」を祝福するのが本来の意味なので、新婦には I wish you every happiness. などと言った方が無難とされます。

④ 【Anytime [Whenever].】ちなみに、Thank you. に対して Anytime. と言えば「いつでもどうぞ、どういたしまして」の意味になります。

⑤ 【Here you are.】Here it is. とも言います。I'll pass. だと「パスします、ご遠慮します」で、相手の誘いを断るときの言い方になります。

⑥ 【I've had enough.】「もうたくさんだ」の意味もありますが、I've had enough, thanks. と言えばきちんと伝わります。

⑦ 【Tom who?】たとえば I saw a monster.(怪物を見た)の monster が聞き取れなかった場合は、You saw what?(君が何を見たって?)と聞き返します。

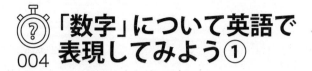

「数字」について英語で表現してみよう①

● 次の各問いに答えてください。

① 「1990年」を英語で言うと？

② children under 6 の意味は「6歳未満」？「6歳以下」？

③ 「3億円」を英語にすると？

④ 「1万円札」を英語にすると？

⑤ I bought this book (　) a 30 percent discount. の空所に入る前置詞は？

⑥ One foot is about (　) centimeters. の空所に入る数字は？

⑦ one kilogram と one pound ではどちらが重い？

⑧ kilometer の下の単位は meter。では mile の下の単位は？

① 【nineteen ninety】 2ケタずつ区切って言います。「2013年」は twenty thirteen または two thousand thirteen です。

② 【6歳未満】数字の範囲を表す語句（under, after, more than など）は，後ろの数字を含みません。

③ 【three hundred million yen】「300 × 100万円」の計算になります。「30億円」なら three billion yen。

④ 【ten-thousand yen bill】「紙幣」は bill。「10ドル札」なら ten-dollar bill です。bill は紙に書かれたり印刷されたりしたものを表し，「請求書」「手形」「ビラ」「法案」などの意味でも使います。

⑤ 【at】「私はこの本を3割引きで買った」。at には「〜の割合で」の意味があります。

⑥ 【30】one foot は「1フィート」。大人の足のサイズをもとにした単位で，約30センチに相当します。

⑦ 【one kilogram】 1ポンド（pound）は約0.45キログラムに相当します。

⑧ 【yard】1ヤードは3フィートで，約90cmに相当します。

005 「数字」について英語で表現してみよう②

●次の各問いに答えてください。

1. 「2キロ太った＝ I've (　) two kilograms.」の空所に入る語は？

2. 「0.8メートル」を表す正しい表現は？
   ① zero point eight meter　② zero point eight meters

3. 「バスは10分おきに走っています＝ The bus runs (　) ten minutes.」の空所に入る語は？

4. Hiroshi is a 7th grader. を日本語にすると？

5. 「6けたの数字＝ a six-(　) number」の空所に入る語は？

6. 「3分の2」を英語にすると？

7. 「数万人の人々＝ (　) of (　) of people」の空所に入る語は？

8. 「2匹の魚」を英語にすると？

① 【gained】gained は get の同意語。「2キロやせた」は I've lost two kilograms. です。

② 【②】小数の後ろの名詞は複数形にします。

③ 【every】every には「〜ごとに」の意味があります。

④ 【ヒロシは中学1年生だ】grade は「学年」。小学校から通算して「7番目の学年にいる」と表現します。

⑤ 【digit】digit は「数字」の意味で，その形容詞が digital（数字で処理する，デジタルの）。

⑥ 【two(-)thirds】分子の数字を前に置きます。分母は「〜番目」を表す数字を使い，分子が2以上なら複数形に。

⑦ 【tens, thousands】「1万」は ten thousand。ten と thousand の両方を複数形にして表します。「数百人の人々」は hundreds of people です。

⑧ 【two fish】two fishes とは言いません。

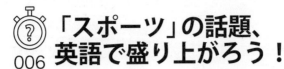

「スポーツ」の話題、英語で盛り上がろう！

●次の各問いに答えてください。

① 「試合は6時から始まる＝ The game starts (　) six.」の空所に入る前置詞は？

② 「試合が終わった＝ The game is (　).」の空所に入る語は？

③ 「巨人は阪神に5対3で勝った＝ The Giants beat the Tigers (　) 5 (　) 3.」の空所に入る語は？

④ 「イーグルスは2点差で負けてるよ＝ The Eagles are two points (　).」の空所に入る語は？

⑤ 「ジャイアンツが3連勝した＝ The Giants won three games in a (　).」の空所に入る語は？

⑥ 「その試合は雨で中止になった」を, out を使って英語にすると？

⑦ 「どちらのチームが勝っていますか＝ Which team is (　)?」の空所に入る, a で始まる語は？

① 【at】from は誤り。「6時に始まる」と考えます。

② 【over】over は「終わって」の意味で使います。over の一般的な意味は「～の上方に，～をおおって，～を越えて」などで，all over the world（世界中で），He's over 80.（彼は 80 歳を越えている）のように使います。

③ 【by,to】by は「～の差で」。to は「～に対して」の意味です。たとえば「10:5 = 2:1」を英訳すると，10 is to 5 as 2 is to 1. となります。

④ 【behind】behind は「遅れを取っている」の意味。「勝っている」と言うときは，behind の代わりに ahead を使います。

⑤ 【row】in a row は「列になって→連続して」の意味。The Giants won three straight games. とも言います。「3 連休を取る」は have three days off in a row と表現できます。

⑥ 【The game was rained out.】The game was canceled because of (the) rain. などもありますが，be rained out（雨で中止 [延期] になる）という表現が使えます。

⑦ 【ahead】ahead は「前方に」「先行して」の意味。反意語は behind。

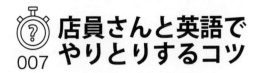

店員さんと英語でやりとりするコツ

●次の問いに答えてください。

① 客が Fill it up, please. と言うのはどんな場所？

② クリーニング店やカメラ店で,「いつできあがりますか？＝ When will it (　)(　)?」の空所に入る語は？

③ 「(お店で店員さんに) これください＝ I'll (　) this (one).」の空所に入る語は？

④ 次の会話が行われている場所はどこでしょう？
A: Are you ready to order?
B: No, not yet. I can't decide. Do you have any specials?

⑤ 「セルフサービスでどうぞ＝ Please (　) yourself.」の空所に入る語は？

⑥ May I have your order, please? とは，誰が言う言葉？

⑦ 「おたくのお店の定休日は何曜日ですか？」を英語にすると？

① 【ガソリンスタンド】it はガソリンタンクのことで,「満タンにしてください」の意味です。

② 【be ready】「それはいつ用意できるでしょうか？」と考えましょう。

③ 【take】前出の通り take を使います。

④ 【レストラン】「ご注文はお決まりですか？」とウエイターがたずね，お客が「いいえ，まだです。決められないんです。何か特別料理はありますか？」と答えています。What do you recommend? などもよく使います（107 頁参照）。

⑤ 【help】「自分に給仕してください」ということ。help には「〜に給仕する」の意味があります。

⑥ 【ウェイター】「注文をおうかがいします」の意味です。

⑦ 【What day (of the week) are you closed?】「あなたがたは何曜日に閉店していますか」と考えます。「定休日」という日本語にとらわれないように。

008 人間関係をスムーズにする英語のひと言

●次の各問いに答えてください。

① エレベーターに乗り込むとき「お先にどうぞ」を何と言いますか？ 2語で答えてください。

② 「〈電車のなかで〉この席にはどなたか座っていらっしゃいますか？」を英語にすると？

③ Do you mind if I sit here?（ここに座ってもかまいませんか）に対して「いいですよ」と答える表現を，1つ挙げてください。

④ 「お名前をうかがってよろしいですか？」を英語にすると？

⑤ 待ち合わせ場所に遅れた時のひと言です。「遅れてごめん」を英語にすると？

⑥ 「手伝ってくれてありがとう」を英語にすると？ 5語で答えてください。

⑦ "We're having a drink after work." "(　) me in." の空所にcで始まる語を入れて「仲間に入れて」の意味にするには？

① 【After you. [Go ahead.]】After you. は「(私は) あなたの後で」ということ。後ろに please はつけません。Go ahead. は「どうぞ (お先に)」と相手の行動を促す言い方です (207頁参照)。

② 【Is this seat taken?】「この席は (誰かに) 取られていますか？」の意味です。Is this seat occupied? とも言います。

③ 【Not at all.】mind は「〜をいやがる，気にする」の意味なので，了解の返事は否定の形 (「気にしない」という意味) にします。Of course not. や Certainly not. でも正解です。なお，くだけた会話では Sure. や OK. も使われます。

④ 【May I have [ask] your name(, please)?】これが普通の言い方。What's your name? は状況によっては尋問しているようになります。

⑤ 【I'm sorry I'm late.】待ち合わせ場所に遅刻して着いたような状況では，現在形の I'm late を使います。I'm sorry I was late. は，過去に遅刻したことを謝る表現。

⑥ 【Thank you for your help.】Thank you for 〜は「〜をありがとう」という意味。

⑦ 【Count】「仕事の後で一杯やりに行くんだ」「仲間に入れてくれよ」という会話です。〈count 〜 in〉は「〜を頭数に入れる」ということ。〈count 〜 out〉なら「〜を頭数から外す」です。

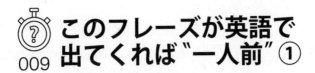

このフレーズが英語で出てくれば"一人前" ①

●次の各問いに答えてください。

① ちょっとした失敗をしたときの「しまった！」を英語にすると？

② Where do you usually have lunch?（普段はどこで昼食を食べるの？）と尋ねられて，「時と場合によるよ」と答えるときの言い方は？

③ エレベーターに友人と2人で乗っているとき「すみません（この階で降ります）」を何と言いますか？ 2語で答えてください。

④ 「玉ねぎで涙が出ちゃう＝ The onion makes me (　).」の空所に入る語は？

⑤ He got fired. を日本語にすると？

⑥ 「彼に電話が通じない＝ I can't get (　) to him.」の空所に入る語は？

⑦ I'm dying for something to eat. を日本語にすると？

① 【Oops!】「ウープス」と読みます。「おっと！」「しまった！」のような意味を表す言葉です。

② 【It depends.】depend は「依存する，左右される」の意味で，It depends on the weather.（天気しだいです）のように使います。「時と場合による，ケースバイケースだ」は，単に It depends. と言います。

③ 【Excuse us.】1人なら Excuse me. ですが，2人のときは「私（me）」を「私たち（us）」に置きかえて言います。

④ 【water】water には「よだれを出す」の意味もあり，It's making my mouth water.（よだれが出てきちゃった［食べたくてたまらない］）などと言います。

⑤ 【彼は解雇された】日本はかつて刀社会だった名残で，解雇することを「首を切る」と言います。一方銃社会のアメリカでは，「銃を発射する」の意味の fire を用いて，You're fired!（おまえは首だ）のように言います。

⑥ 【through】get through to ～で「～に電話が通じる」の意味。

⑦ 【何か食べたくてたまらない】be dying for ～は「～がほしくてたまらない」という意味です。hungry（空腹の）や thirsty（のどが渇いた）も「ほしくてたまらない」の意味で使います。

010 このフレーズが英語で出てくれば"一人前"②

●次の各問いに答えてください。

① 「それはお気の毒に＝That's ( ) bad.」の空所に入る語は？

② 「タクシーに相乗りして行こうよ＝Let's ( ) a taxi, shall we?」の空所に入る語は？

③ 「ゆうべは何時間眠りましたか」を英語にすると？

④ 「一か八か，やってみよう＝Let's ( ) or ( ).」の空所に入る語は？

⑤ 「がんばれ！＝( ) in there!」の空所に入る語は？

⑥ 「Give me a ( ). ＝いいかげんにしてくれ」の空所に入る語は？

⑦ 「勝てば官軍＝( ) are always in the wrong.」の空所に入る語は？

⑧ 「待ち遠しいよ＝I can ( ) wait.」の空所に入る，hで始まる語は？

① 【too】I'm sorry to hear that. などとも言います（205頁参照）。

② 【share】直訳は「タクシーを共有し[一緒に使い]ましょう」。「傘に入れてよ」は Can I share your umbrella? と表現できます。

③ 【How many hours did you sleep last night?】「どのくらい長く」と考えて How long did you sleep last night? と言うこともできます。

④ 【sink,swim】sink or swim は「沈むか泳ぐか（やってみる）」の意味。We are sunk. と言えば「もうだめだ」の意味になります。

⑤ 【Hang】hang は「掛ける，ぶら下がる」などの意味を持つ動詞で，Hang in (there)! は「耐え抜け，がんばれ」の意味を表す口語表現です。

⑥ 【break】「（もう一度）チャンスをくれ」の意味もありますが，「よせよ，もうたくさんだ」の意味で使われる口語表現です。

⑦ 【Losers】英語では日本語と逆の発想で「敗者（loser）は常に悪い」と表現します。victor は「勝者」，official は「役人」です。負けても潔い人は good loser，負けて文句を言う人は bad loser です。

⑧ 【hardly】「私はほとんど待つことができない[待ちきれない]」が直訳。

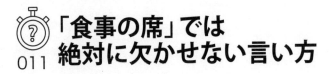

011 「食事の席」では絶対に欠かせない言い方

●次の各問いに答えてください。

① 2人で喫茶店に入り、相手がコーヒーを注文したとき、「私も」と同じものを2語で注文してください。

② 「Would you like another (　)? ＝お代わりはいかがですか？」の空所に入る語は？

③ 「割り勘にしようよ＝ Why don't we (　) the check?」の空所に入る語は？

④ 「コーヒーのお代わりをお願いします＝ Could you (　) my coffee?」の空所に入る語は？

⑤ サラダを注文する際、「ドレッシングはかけないでください」を英語にすると？

⑥ This is yummy. という幼児語はどんな意味？

⑦ For here or to go? という言葉が使われる場所といえば？

① 【Same here.】「私にも同じものをください」の意味。「こちらも同じだよ」と相づちを打つ場合にも使えます。

② 【helping】help には「(食べ物を) 取ってやる，よそう」の意味があります。helping はその名詞形で，「(食べ物の) 一杯，一盛り」の意味です。

③ 【separate[split]】「check（勘定書）を分割しよう」と表現します。「お勘定をお願いします」は前述のように Check[Bill], please., 「勘定は別々にしてください」と頼むときは，Separate checks, please. と言います。

④ 【refill】refill は「再び満たす」「補充する」の意味。「補給，詰め替え品」の意味でも使い，車のガソリンの補給も refill と言います。

⑤ 【No dressing, please.】〈No 〜 , please.〉で「〜抜きでお願いします」の意味を表すことができます。

⑥ 【おいしいね】幼児語で「おいしい」は yum-yum または yummy と言います。yucky は「とても不快な，ひどくまずい」の意味で，Yuck! は強い嫌悪感（「ゲー」「オエー」）を表す言葉です。

⑦ 【ハンバーガー［ファーストフード］店】前述のように「こちらでお召し上がりですか，それともお持ち帰りですか？」の意味。「持ち帰りにしてください」なら，To go, please. と言えばＯＫです。「持ち帰りのピザ」は takeout pizza といいます。

012 「食事の席」では何かと使える言い方

●次の各問いに答えてください。

① レストランのテーブルに置いてある小さな容器に「s」と書かれていました。何が入っているのでしょう？

② 立食パーティーでローストビーフをもらうときの表現です。「肉を切り分けてもらえますか？＝ Please (　) me a piece of meat.」の空所に入る語は？

③ Which would you like, white wine or red one?（赤ワインと白ワインのどちらをめしあがりますか）という英文中の誤りを訂正してください。

④ お酒を相手のグラスに注ぎながら、「適当な量のところで言ってくれ」を2語の英語にすると？

⑤ "How would you like your (　) done?" "Well done, please." という会話の空所に入る語は？

⑥ 「空腹だ」は I'm hungry.。では「満腹だ」は？

① 【塩】s は salt（塩），p は pepper（こしょう）です。砂糖（sugar）やソース（sauce）ではありません。

② 【carve】carve には「彫る，彫刻する」の意味もありますが，「肉を切り分ける」の意味にも使います。肉を切るのに使うナイフが carving knife または carver です。また carver には「彫刻家」の意味もあります。

③ 【red one → red または red wine】wine のような「数えられない名詞」を，one で受けることはできません。red wine とするか，単に red でもＯＫです。

④ 【Say when.】サラダなどの料理を皿に取り分ける際に「どのくらい盛りましょうか？」と言う場合にも使えます。

⑤ 【steak】「ステーキはどのように焼きましょうか」「よく焼いてください」。ステーキの焼き方には，medium（中ぐらい）や rare（生焼け）などもあります。

⑥ 【I'm full.】「（おなかが）一杯だ」ということ。I'm stuffed.（190頁参照）とも言います。

料理と食をめぐる、簡単＆便利なひと言

013

●次の各問いに答えてください。

① 「夕食に何を食べたい？」を would を使って英語にすると？

② Nuke this. を日本語にすると？

③ 「ズルズル音を立ててスープを飲んではいけません＝ Don't ( ) the soup.」の空所に入る語は？

④ 「魚の骨がのどに刺さった＝ A fishbone ( ) in my throat.」の空所に入る語は？

⑤ 食事が終わった後で Let's do the dishes. と言えば，どんな意味になる？

⑥ Let me season this salad. を日本語にすると？

⑦ 台所で一緒に食事を作っている人から，Defrost this meat. と頼まれました。肉をどうすればよいのでしょう？

① 【What would you like for dinner?】would like ～は「～がほしい」の意味。

② 【これをレンジで温めて[チンして]】nuke [= nuclear] には「核兵器」の意味もありますが,「電子レンジで調理する」の意味でも使います。「(電子) レンジ」は microwave (oven) と言い, Microwave this. とも表現できます。

③ 【slurp】「ズルズル音を立てて飲食する」という意味の動詞は slurp です。

④ 【stuck】stuck は stick の過去形です。stick には「つえ」の意味もありますが, 動詞のときは「刺す, 貼りつける, 動けなくする」などさまざまな意味で使います。stick one's tongue out は「舌を突き出す」, stick a stamp on an envelope は「封筒に切手を貼る」です。

⑤ 【皿を洗おう】「do ＋物」の形で, その物に対する代表的な動作を表します。do the room は「部屋を掃除する」, do lunch は「昼食をとる」の意味です。

⑥ 【このサラダを味付けさせて】season には「季節」のほか「味をつける」の意味があり, seasoning は「調味料」です。「味見させて」は Let me taste it.。ワインの味見は wine tasting です。

⑦ 【解凍する】defrost は「解凍する」の意味。thaw (out) とも言います。

014 ビジネス英語で必須の基本フレーズ

●次の各問いに答えてください。

① Are there any <u>openings</u> in your office? の下線部の意味は？

② Our company has adopted the merit system. の merit system って何？

③ They demanded a raise. と言えば，彼らが要求したものは何？

④ Stock prices dipped this afternoon. って株価がどうなったこと？

⑤ 「株価が下がり始めている」の意味を表す自然な英文は？

　① Stock prices are beginning to fall.
　② Stock prices are beginning falling.

⑥ All the directors didn't agree to the proposal.（重役全員がその提案に賛成したわけではない）という英文はどこが間違い？

⑦ 「会議室は今使用中です＝ The meeting room is (　)(　) now.」の空所に入る語は？

① **【欠員（勤め口）】**「あなたの職場に社員募集の空きはありますか」という意味。

② **【成績主義】** merit は「長所」ですが，「功績」の意味もあります。merit system は「成績主義」のことで，meritocracy とも言います。年功序列制は seniority（年功）system と言います。merit bonus は「成績査定によるボーナス」です。

③ **【昇給】** raise は pay raise（賃金の引き上げ）の意味で使います。

④ **【(少し)下がった】** dip の原義は「（液体に）ちょっと浸かる［浸す］」ですが，「少し下がる」の意味でも使います。

⑤ **【①】** begin の後ろには不定詞・動名詞（～ ing）のどちらも置けるので，②も文法的には間違っていません。しかし，beginning falling は明らかに口調が悪く，①の方が自然な言い方です。

⑥ **【Not all the directors agreed to the proposal.】** 元の文は，「重役全員がその提案に賛成しなかった」とも解釈でき，意味があいまい。not all とすれば，not が all を否定して「すべて～というわけではない」の意味が明示できます。

⑦ **【being used】**「使われているところだ」という意味は，進行形の受動態（be ＋ being ＋過去分詞）で表します。

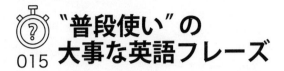

"普段使い"の大事な英語フレーズ

● 次の各問いに答えてください。

① 「今日はついてないや＝ Today isn't （　） day.」の空所に入る語は？

② 「沖縄旅行はいかがでしたか？」を英語にすると？

③ 「家まで車で送るよ」を英語にすると？

④ 映画に誘われました。「今何を上映しているの？」と簡潔に尋ねてください。

⑤ 反論するときの言い方です。「それがどうしたの？」を２語で英語にすると？

⑥ Happy new year!（新年おめでとう）に対して「あなたにも（おめでとう）」を３語で英語にすると？

⑦ 「ここから駅までどのくらい距離がありますか」を英語にすると？

① 【my】「今日は自分の日ではない」と表現します。

② 【How was your trip to Okinawa?】How は「どのような〜」の意味の疑問詞で，How was the weather? なら「天気はどうでしたか」の意味になります。

③ 【I'll drive you home.】drive you は「あなたを車に乗せて行く」。home は「家へ」の意味の副詞なので，前に前置詞は不要です。

④ 【What's on (now)?】on は「(映画などが) 上映されて」「(番組などが) 放送されて」という意味です。「今夜は (テレビで) どんな番組があるの？」も，What's on tonight? と表現できます。

⑤ 【So what?】相手の言葉に対する無関心や軽蔑の気持ちを込めて，「それがどうしたの？」「だから何だって言うの？」という気持ちを表す表現です。

⑥ 【Same to you!】(And) the same to you! とも言います。相手の悪口に対して「お前こそ」と言い返す場合にも使います。

⑦ 【How far is it from here to the station?】「どのくらい遠くに」は how far。距離は主語を it にして表します。

016 英語で電話のやりとりができますか

●次の各問いに答えてください。

① 電話で相手が不在のとき「伝言をお願いします」は Can I (　) a message? と言います。空所に入る語は？

② 電話で「番号をお間違えですよ」は，You have the (　) number. と言います。空所に入る語は？

③ 電話での「前田さんをお願いします」「私です」という会話です。"May I speak to Mr. Maeda?" "(　)." の空所に入る語は？

④ 携帯電話について「電池が切れちゃってる」を英語にすると？

⑤ 「誰に電話なの？＝ Who's it (　)?」の空所に入る語は？

⑥ 相手が I have to <u>hang up</u> now. と言ったら下線部の意味は？

⑦ 「Could you ask John to (　)(　)(　)？＝私に折り返し電話をくれるようジョンに伝えていただけますか」の空所に入る語は？

① 【leave】「伝言を残していいですか」ということ。「伝言をお聞きしましょうか」は Can [May] I take a message? です。

② 【wrong】wrong は right の反意語で「正しくない」ということ。「乗る電車を間違えた」は I got on the wrong train. と言います。wrong answer は「間違った答え」です。

③ 【Speaking】本人が電話に出ているときは，Speaking. と1語で表現します。電話に出た人が「どちらさまですか？」と相手の名前をたずねるには，Who's calling, please? と言います。

④ 【The battery is dead.】dead は「活動を休止している」場合に使い，My phone is dead.（電話が通じない）のようにも言います。「尽きる，なくなる」を表す動詞は run out で，「ガソリンが切れそうだ」は We're running out of gas.。

⑤ 【for】Who's the call for? とも言います。for は「～に対して」の意味。「君に（電話）だよ」と答えるときは，It's for you. となります。

⑥ 【電話を切る】hang は「掛ける，吊るす」という意味を表す動詞。なぜ up と言うのかというと，昔の電話機は壁に掛かっていたので，受話器を置くときは「上に吊るした」から。

⑦ 【call me back】「（～に）電話をかけ直す」は〈call (～) back〉。「後でこちらからお電話します」は I'll call back (later). と言います。

017 その英語フレーズ、意味がわかりますか

● 次の各問いに答えてください。

① I'm afraid of stepping on the scales. と言う人は何を気にしている？

② Keep the change, please. を日本語にすると？

③ Someone is blowing a horn outside. を日本語にすると？

④ I got a shot. を日本語にすると？

⑤ He decided to go to court. を日本語にすると？

⑥ I had an easy delivery. を日本語にすると？

①【体重】「私は体重計（the scales）に乗るのがこわい」という意味です。「肥満」は obesity,「減量する」は lose weight,「ダイエットする」は go on a diet と言います。

②【おつりはいりません】この change は前述のとおり「小銭（small change），おつり」の意味。「おつりは取っておいてください」ということです。お札を出して「これを（小銭に）くずしてもらえますか？」は Can you change this, please? と言います。

③【外で誰かがクラクションを鳴らしている】「クラクションを鳴らす」は blow[honk] a horn と言います。horn は動物の角のことで，角笛も horn と言います。そこから楽器のホルンや警笛も horn と言うようになりました。

④【注射をしてもらった】shot は shoot の名詞形。「発射，銃弾，（ロケットの）打ち上げ」などのほか，「注射（injection)」の意味でも使います。take a shot（スナップ写真を撮る），put the shot（砲丸を投げる），A star shot.（星が流れた）といった表現もあります。

⑤【彼は裁判を起こすことに決めた】court には「法廷」の意味があり，the Supreme court と言えば「最高裁判所」。民事法廷は civil court, 刑事法廷は criminal court と言います。

⑥【私は安産でした】delivery には「分娩」の意味があり，「安産」は easy delivery,「難産」は difficult delivery と言います。labor（労働）にも「出産」の意味があり，「陣痛」は labor pains と言います。

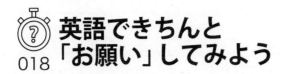

英語できちんと「お願い」してみよう

●次の各問いに答えてください。

① 「カタログを送っていただけると幸いです＝ I'd appreciate it ( ) you ( ) send a catalog.」の空所に入る語は？

② 「一口ちょうだい＝ Give me a ( ).」の空所に入る語は？

③ 「お風呂をわかしてよ＝ Get the bath ( ).」の空所に入る語は？

④ 「もう少し席を詰めていただけますか？＝ Would you mind sitting a little ( )?」の空所に入る，c で始まる語は？

⑤ 「メモを取らせてください＝ Let me take ( ).」の空所に入る語は？

⑥ 「搭乗手続きをしたいのですが＝ I'd like to ( ) in.」の空所に入る語は？

⑦ 「今晩，予定は空いてる？＝ Are you ( ) this evening?」の空所に入る語は？

1. 【if, would】appreciate は「感謝する」。I'd [=I would] appreciate it if you would ～（～していただけると幸いです）はこの形で覚えましょう。

2. 【bite】bite は「かむこと」という意味の名詞です。

3. 【ready】〈get ～ ready〉で「～を準備する」の意味です。boil（沸騰する，ゆでる）は使えません。

4. 【closer】「もう少し近くに座っていただけますか」と考えて，close（近くに）の比較級を使います。

5. 【notes】「メモを取る」は take notes[a note]。write down（書き留める）なども使えます。

6. 【check】check in には「〈ホテルで〉宿泊手続きをする」のほか「〈空港で〉搭乗手続きをする」の意味もあります。また，「〈図書館で〉本の返却手続きをする」の意味でも使います。

7. 【available】free でもＯＫです。available（利用できる）は，他にも「○○さんはおられますか？」と電話を受けて，「本人は今電話に出られません」と答えるとき，He[She] isn't available now. と表現できます。

019 英語できちんと「評価」してみよう

●次の各問いに答えてください。

① 「それはやりすぎだよ＝ That's going too (　).」の空所に入る語は？

② 「さわらぬ神にたたりなし＝ Don't wake a sleeping (　).」の空所に入る語は？

③ 「君に必要なのは経験だけだ＝ (　) you need (　) experience.」の空所に入る語は？

④ 「彼には責任感が欠けている＝ He lacks a sense (　) responsibility.」の空所に入る語は？

⑤ 「その計画は机上の空論だ[現実味がない]＝ That's an (　) plan.」の空所に入る語は？

⑥ 「彼女は英会話では誰にもひけをとらない＝ She is (　) to none in English conversation.」の空所に入る語は？

⑦ 「弘法も筆の誤り＝ Even Homer sometimes (　).」の空所に入る語は？

① 【far】「遠くへ行き過ぎている」と表現します。「〜の度を過ごす」は〈carry 〜 too far〉と言います。

② 【dog】英語では「眠っている犬を目覚めさせるな」と言います。Let sleeping dogs lie. も同じ意味です。犬やネコはさまざまな比喩やことわざに使われています。たとえば「仲が悪い」は fight like cats and dogs のように言います（266頁参照）。

③ 【All, is】直訳は「君が必要とするすべてのものは経験である」。All we can do is (to) wait for his reply.（我々は彼の返事を待つしかない）なども同様の表現です。

④ 【of】前述のように「〜の感覚」は sense で表します。「ユーモアの感覚［センス］」は sense of humor,「罪悪感」は sense of guilt です。sense には「分別」の意味もあります。

⑤ 【armchair】armchair は「ひじ掛けいす」ですが，座ったまま頭を働かせて事件を解決する探偵のことを armchair detective と言うように，armchair は，「実際の経験がない→現実味がない」という意味でも使われます。情報を集めるだけで実際に旅行をした気分になる人は armchair traveler と言います。

⑥ 【second】second to none で「誰にも負けない」という意味です。

⑦ 【nods】「ホーマーでさえ時には居眠りする」の意味です。Homer は古代ギリシャの有名な詩人ですが，その人にも居眠りしながら書いたような駄作がある，という意味から来たことわざです。

英語できちんと答えてみよう
020

●次の各問いに答えてください。

① 「それはそうだ [納得がいく] ＝ That makes (   ).」の空所に入る語は？

② 「どちらでもかまいません＝ Either will (   ).」の空所に入る語は？

③ 「その件は保留しておこう＝ Let's put the matter on the (   ).」の空所に入る語は？

④ 「それは残念だ＝ What a (   )!」の空所に入る, s で始まる語は？

⑤ 「仕方がないよ＝ It can't be (   ).」の空所に入る語は？

⑥ 「何とかします＝ I'll (   ).」の空所に入る語は？

⑦ 「それはもう終わったことだ＝ It's (   ).」の空所に入る, h で始まる語は？

⑧ クイズなどで「おしい, 答えに近づいてきた」は, You're getting (   ). と言います。空所に入る, w で始まる語は？

① 【sense】make sense は「意味をなす」。That doesn't make sense. なら「それは意味不明だ」となります。

② 【do】will do で「間に合う，役に立つ」の意味。Either is OK [fine]. とも言えます。

③ 【shelf】〈put ～ on the shelf〉で，日本語と同様に「～を棚上げ[保留]する」の意味を表します。

④ 【shame】shame には「恥」のほか「残念なこと」の意味があります。That's a shame[pity]. とも言います。

⑤ 【helped】help には「～を避ける（avoid）」の意味があり，I can't help it. や It can't be helped. で「どうしようもない」という意味になります。

⑥ 【manage】manage は「何とかやっていく[切り抜ける]」という意味です。I managed to find his house.（何とか彼の家を見つけた）のように不定詞を続けることもあります。

⑦ 【history】history は「歴史→過ぎたこと」の意味。He's history. なら「彼は昔の男よ」となります。

⑧ 【warmer】「だんだん暖かくなってきた」と表現します。さらに正解に近くなると You're hot.，正解したら You're burning. などと言います。

それなら、ひと言、言わせてもらいます！

021

●次の各問いに答えてください。

① 「Please don't (   ). ＝気を使っていただかなくてけっこうです」の空所に入る語は？

....

② 「しらばっくれるな＝ Don't play (   ).」の空所に入る，iで始まる語は？

....

③ 「そこまでばかじゃないよ＝ I know (   ).」の空所に入る，bで始まる語は？

....

④ 「言葉に気をつけなさい＝ (   ) your tongue.」の空所に入るWで始まる語は？

....

⑤ 「その手には乗らないよ＝ That (   ) won't work with me.」の空所に入る語は？

....

⑥ 「何様のつもりだ＝ (   ) do you think (   ) (   )?」の空所に入る語は？

① 【bother】bother は「〈人を〉うるさがらせる」「苦にする，心配する」。Don't bother me. だと「私を煩わせないでくれ」の意味になります。

② 【innocent】play innocent は「潔白[無知]なふりをする」。play cute なら「かわい子ぶる」です。

③ 【better】know better (than to ～) は「(～するよりも) よく物を知っている→(～しないだけの) 分別がある」の意味。

④ 【Watch】watch は「見る」のほかに「注意する，警戒する」の意味でも使います。Watch your step. は「足元に気をつけなさい」，night watch は「夜警」です。

⑤ 【trick】trick には「手品」「秘訣」「いたずら」などのほか，「策略，ごまかし」の意味があります。work は「うまくいく，機能する」の意味です。

⑥ 【Who, you are】直訳は「あなたは自分が誰だと思っているのか」。「自分の立場をわきまえろ」と言いたいときに使う表現です。

022 一度、英語でこれを聞いてみたかった

●次の各問いに答えてください。

① 「機内には荷物をいくつ持ち込めますか＝ How many (　)(　) baggage can I take on the plane?」の空所に入る語は？

② 「その修理にはいくらかかったの？＝ How much did the repairs (　)?」の空所に入る語は？

③ 「取引銀行はどちらですか＝(　) do you bank?」の空所に入る語は？

④ 「魚をさばけますか？＝ Can you (　) fish?」の空所に入る語は？

⑤ 「出産の予定日はいつですか＝ When is your baby (　)?」の空所に入る，dで始まる語は？

⑥ 「そんなに急いでどこへ行くんだ＝ Where is the (　)?」の空所に入る語は？

⑦ 「あのイタリア料理店に入ってみようよ＝ Let's (　) that Italian restaurant.」の空所に入る語は？

① 【pieces of】baggage（荷物）は数えられないので,「1つの荷物」は a piece of baggage と言います。

② 【cost】cost は「（金額を）要する」の意味。The repairs cost 10,000 yen.（その修理には1万円かかった）のように使います。過去形・過去分詞も cost です。

③ 【Where】「あなたはどこに預金していますか」の意味。動詞の bank には「預金する」の意味があります。

④ 【clean】「魚をさばく［おろす］」は clean fish と言います。

⑤ 【due】due は「到着することになっている→出産予定である」の意味。「列車は6時に到着する予定です」は The train is due at 6. と言います。

⑥ 【fire】直訳は「どこが火事なのか」。警官がスピード違反者に対してしばしば使う表現です。

⑦ 【try】enter（〜の中に入る）では「食事をする」という意味が表せないので不自然です。try（試す）を使いましょう。

023 仕事の周辺でいつか使える お役立ちフレーズ①

●次の各問いに答えてください。

① 「彼は札幌支店へ転勤しました＝ He was (　) to the Sapporo branch.」の空所に入る語は？

② 「経理係が退職したので代わりが必要だ＝ The accountant left office, so we need a (　).」の空所に入る，rで始まる語は？

③ 「あなたの名前はどうつづりますか？＝ What's the (　) of your name?」の空所に入る語は？

④ 「書類は今コピー中です＝ The papers are (　) copied now.」の空所に入る語は？

⑤ 「コピー機が急に動かなくなった＝ The copier suddenly stopped (　).」の空所に入る語は？

⑥ 「これは注文した品とは違います＝ This isn't (　) I ordered.」の空所に入る語は？

⑦ 「統計によれば＝ (　)(　) the statistics」の空所に入る語は？

① 【transferred】transfer は trans（向こうへ）＋ fer（運ぶ）で，「（人を）転勤させる」「（手紙などを）転送する」「（お金を）振り込む」「（乗り物を）乗り換え（る）」などの意味で使います。transfer account は「振替口座」，transfer ticket は「乗り換え切符」です。

② 【replacement】replacement は replace（取り替える）の名詞形で，「代用品，代替要員」の意味で使います。

③ 【spelling】How do you spell your name? とも表せます。動詞の spell は「つづる」，spelling は「つづり字」の意味ですが，名詞の spell は「呪文，魔法」の意味です。spell はもともと「会話」を意味する言葉で，Gospel（福音書）は good spell（よい知らせ）という語源を持ちます。

④ 【being】前述のとおり〈be 動詞＋ being ＋過去分詞〉で「～されているところだ」（進行形の受動態）になります。

⑤ 【working】work は「正常に作動する」。move は「移動する」の意味なので誤りです。

⑥ 【what】what I ordered は「私が注文したもの」。この what は関係代名詞です。

⑦ 【according to】「新聞によれば」は according to the newspaper です。

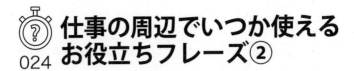

024 仕事の周辺でいつか使えるお役立ちフレーズ②

●次の各問いに答えてください。

① 「(初対面の人に) ひょっとして山田さんをご存知でしょうか？= Do you (　) to know Mr. Yamada?」の空所に入る語は？

② 職場で同僚が休んだときの表現です。「私が彼の代わりをします= I'll take his (　).」の空所に入る語は？

③ 「彼は定年退職した= He (　).」の空所に入る語は？

④ 「内線の203番をお願いします=(　) 203, please.」の空所に入る語は？

⑤ 「プレゼンがんばってね= Good (　) on your presentation.」の空所に入る語は？

⑥ 「昇進おめでとう= Congratulations (　) your promotion!」の空所に入る前置詞は？

⑦ 「この仕事はいつまでたっても終わりそうにない= This work will take (　).」の空所に入る語は？

① 【happen】happen は「起こる」の意味ですが，happen to ～ で「たまたま～する」の意味を表します。

② 【place】take his place と言えば「彼の代理をする」という意味。I'll go in his place. は「彼の代理で行きます」。動詞の place は「置く，（注文を）出す」の意味で，「発注する」は place an order と言います。名詞の placement は「配置」で，placement test は「クラス分けテスト」，placement bureau は「職業紹介所」です。

③ 【retired】日本語でも「リタイアする」と言うように，retire は「引退［定年退職］する」の意味です。「定年に達する」は reach the retirement age と言います。resign は「辞職する」，quit は「退職する」の意味です。

④ 【Extension】Give me extension 203, please. とも言います。extension は extend（延長する）の名詞形です。

⑤ 【luck】Good luck on [in] ～は「～をがんばってね」という励ましの言葉です。

⑥ 【on】congratulate A on B は「A（人）の B（成功など）を祝福する」の意味。

⑦ 【forever】「この仕事は永遠に（時間が）かかるだろう」と表現すれば，日本語のニュアンスが伝わります。

そういうモノの言い方があったんだ①
025

●次の各問いに答えてください。

① 「それで決まりだね= It's a (　).」の空所に入る語は？

② 「顔色が悪いよ= You look (　).」の空所に入るのは？

③ 「まだ決めてない= I (　) decided (　).」の空所に入る語は？

④ 「次はうまくいくよ= Better (　) next time.」の空所に入る，lで始まる語は？

⑤ 「気が変わったよ= I've changed my (　).」の空所に入る語は？

⑥ 「誰かほかの人に聞いてください= Ask (　) (　).」の空所に入る語は？

⑦ 「冗談じゃないよ= No (　).」の空所に入る，kで始まる語は？

⑧ メールなどで「お返事をお待ちしています= I hope to (　) (　) you soon.」の空所に入る語は？

① 【deal】deal は「取引（する）」のほか「取り決め，示談」の意味もあり，そこから来た表現。さらに「分量」「事柄」などの意味にも使われ，It's not a big deal.（大したことじゃないよ）のような表現もできます。

② 【pale】pale は「青白い，顔色が悪い」の意味です。You look blue. だと「憂うつそうだね」の意味になります。女性が出産後にうつ状態になる症状は maternity blue です。

③ 【haven't, yet】現在完了形を使います。Not yet.（まだです）という表現もあります。

④ 【luck】Good luck.（幸運を祈ります，がんばって）の good を比較級にした形。

⑤ 【mind】「気が変わる，心変わりする」に当たる表現は，change one's mind です。

⑥ 【someone else】else は「ほかの」の意味です。someone, something などの後ろに置きます。

⑦ 【kidding】kid には「からかう，冗談を言う」の意味があります（190頁参照）。

⑧ 【hear from】hear from ～は「～から便りがある」の意味。

026 そういうモノの言い方があったんだ②

●次の各問いに答えてください。

①「ぼくのせいじゃないよ＝ It's not my (　).」の空所に入る，fで始まる語は？

....

②「学生は喫煙を禁じられている＝ Students are prohibited (　) smoking.」の空所に入る前置詞は？

....

③「何の話だったっけ？＝ Where (　) (　)?」の空所に入る語は？

....

④「ご意見をいただけると幸いです＝ I'd (　) your feedback.」の空所に入る語は？

....

⑤「手を触れるな＝ Hands (　)!」の空所に入る語は？

....

⑥「あまり無理をしない方がいいよ＝ You'd better not (　) yourself too hard.」の空所に入る，dで始まる語は？

....

⑦ スポーツ選手や芸能人に掛けるひと言です。「サインしてもらえますか？＝ Could I have your (　)?」の空所に入る語は？

1 【fault】fault は「欠点」の意味でも使いますが,「(過失などに対する)責任, 落ち度, 過失」の意味もあります。さらに,「断層」という意味もあります。active fault は「活断層」という意味です。

2 【from】prohibit A from ～ ing で「A(人)が～するのを禁止する」の意味。

3 【was I [were we]】「さっきはどこまで話していたっけ？」を,「私(たち)はどこにいましたか」と表現します。

4 【appreciate】前に触れましたが appreciate は「感謝する」の意味です。thank は thank you のように後ろに「人」を置くのに対して, appreciate の後ろには「行為, 事柄」を置きます。

5 【off】off は「(～から)離れて」。「芝生に入るべからず」という掲示は Keep off the grass! です。

6 【drive】drive は「駆り立てる」の意味。The shock drove him mad.（彼はショックで気も狂わんばかりになった）のようにも使います。また, driving rain は「激しく打ちつける雨」, sexual drive は「性的衝動」の意味です。

7 【autograph】有名人のサインは autograph です。signature は契約書などにするサインのことです。auto は「自身の (self)」, graph は「書く (write)」の意味で, biography (伝記) に auto をつけると, autobiography (自伝) になります。

027 誰もがつまずく「発音問題」にチャレンジ！

●次の各問いに答えてください。

① plumber（配管工）の発音をカタカナで書くと？

....

② apron, display, many, patient のうち，下線部の発音が他の3語と異なるのは？

....

③ recently, female, immediate, precious のうち，下線部の発音が他の3語と異なるのは？

....

④ southern, clothes, smooth, birthday のうち，下線部の発音が他の3語と異なるのは？

....

⑤ fault・cold・law・small のうち，下線部の発音が他の3語と異なるのは？

....

⑥ only, slow, because, boat のうち，下線部の発音が他の3語と異なるのは？

....

⑦ socks・sales・news・e-mails のうち，下線部の発音が他の3語と異なるのは？

① 【プラマー】u は [ʌ]（ア）と読みます。b は発音しません。climb（登る〈クライム〉），debt（借金〈デット〉）などと同様です。

② 【many】意味は「エプロン」「展示（する）」「多い」「患者，がまん強い」。many の a は「エ」ですが，他の下線部は「エイ」と読みます。

③ 【precious】意味は順に「最近」「女性の」「即座の」「貴重な」。precious の e は「エ」，他の語の下線部は「イー」と読みます。

④ 【birthday】birthday の th は [θ]，他は [ð] と読みます。

⑤ 【cold】au・aw・l の前の a は，[ɔː]（オー）と読みます。o の発音は [ou]（オウ）です。

⑥ 【because】because の au は「オー」，ほかの下線部は「オウ」。

⑦ 【socks】socks の最後の s は [s]（ス），他の3語の最後の s は [z]（ズ）と読みます。

これだけはおさえたい「英語の仕組み」① 028

●次の各問いに答えてください。

① sheep（ヒツジ），carp（鯉），Japanese（日本人）の共通点は？

② tall：taller ＝ ill：（　）の空所に入る語は？

③ Yokohama is the second [large] city in Japan. の [ ] 内の形容詞を正しい形に直してください。

④ They have finished the job. = The job (　)(　) finished. の空所に入る語は？

⑤ We went shopping to the department store last Sunday. という英文中の誤りを訂正してください。

⑥ Why don't you play video games in my room?（ぼくの部屋でテレビゲームをやろうよ）という英文中の誤りを訂正してください。

① 【単数形と複数形が同じ形】たとえば「2匹のヒツジ」は two sheep, 「2人の日本人」は two Japanese。

② 【worse】sick の比較級は sicker ですが, ill の比較級は worse, 最上級は worst です。

③ 【largest】「横浜は日本で第2の大都市です」。「(上から)〜番目」は「the ＋順序を表す形容詞＋最上級」で表現します。

④ 【has been】「その仕事は終えられたところだ」。現在完了形を受動態にしたもの。

⑤ 【to → at】「私たちは先週の日曜日にデパートへ買い物に行った」。「デパートで買い物をする」と考えて at を使います。

⑥ 【you → we】〈Why don't you 〜 ?〉は「〜するのはどうですか」の意味ですが, この場合は話し手もいっしょにテレビゲームをするのだから, you でなく we を使います。

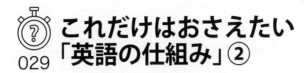

これだけはおさえたい「英語の仕組み」②

●次の各問いに答えてください。

① We ( ) to sing karaoke. の空所に入れることのできる語は，enjoyed，finished，started のうちのどれ？

....

② 日常会話で最も普通の言い方は？
　① Mr. Ogawa is the teacher whom I like best.
　② Mr. Ogawa is the teacher that I like best.
　③ Mr. Ogawa is the teacher I like best.

....

③「旅行」の意味を表す travel，tour，trip，journey のうち，前に a をつけられないのは？

....

④ homework，software，e-mail のうち，複数形にできるのは？

....

⑤ I have been to Okinawa twice when I was in elementary school. という英文中の誤りを訂正してください。

....

⑥ I forgot to return the DVD I had rented it a week before. という英文中の誤りを訂正してください。

① 【started】「私たちはカラオケを歌い始めた」。他の2語は後ろに singing（動名詞）を置きます。

② 【③】「小川先生は私が一番好きな先生です」。どれも正しい文ですが，目的格の関係代名詞を省略した③が，日常会話では最も普通に使われる表現です。

③ 【travel】travel は数えられない名詞。他の語は a を前に置けます。

④ 【e-mail】homework（宿題）や software（ソフト）は複数形にはできません。「2通のメール」は two e-mails と言えます。

⑤ 【have been → went】「私は小学生の頃に2回沖縄へ行ったことがあります」という意味。when 以下がなければ現在完了形を使えますが，「子どもの頃」のような〈過去のある時点〉での出来事は，過去形で表します。

⑥ 【it → 削除】「私は1週間前に借りていた DVD を返却し忘れた」。the DVD (that) I had rented で「（それ以前に）借りた DVD」となります。

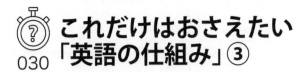

これだけはおさえたい「英語の仕組み」③

●次の各問いに答えてください。

[1] I treat you to dinner tonight.（今日はぼくが夕食をおごるよ）という英文中の誤りを訂正してください。

[2]「次の月例会議は5月15日に行われます」の意味を表す正しい英文は？
  ① The next monthly meeting takes place on May 15.
  ② The next monthly meeting has taken place on May 15.

[3] It's kind for you to help me with my work. という英文中の誤りを訂正してください。

[4]「ニンジンは野菜だ」の意味を表す適切な英文は？
  ① Carrots are vegetable.　② Carrots are vegetables.

[5] I (　) in Nagoya when I was a child. の空所に入る語句は，lived，have lived，had lived のうちのどれ？

[6] Don't noisy in the library. という英文中の誤りを訂正してください。

① 【I → I'll】現在形を使うと,「ぼくは(ふだん)君におごる」という〈習慣〉の意味になってしまいます。「おごるつもりだ」という意志を表すには, I'll[I will] treat とする必要があります。

② 【①】確定した未来の予定は, 現在形で表すことができます。

③ 【for → of】「私の仕事を手伝ってくれてご親切さまです」の意味。人の性格を表す形容詞の後ろには of を置きます。

④ 【②】主語が複数形なら, be 動詞の後ろも複数形にします。fruit(果物)や fish(魚)は(集合名詞なので)普通は複数形にしませんが, vegetable は a vegetable, vegetables と言えます。

⑤ 【lived】「私は子どもの頃名古屋に住んでいた」。過去のことは過去形で表します。

⑥ 【noisy → be noisy】「図書館で騒いではいけません」。命令文の Don't の後ろには動詞(ここでは be)が必要。

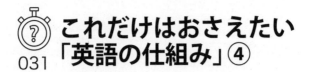

これだけはおさえたい「英語の仕組み」④

●次の各問いに答えてください。

① We went to the airport by (car / the car). の（　）内から正しい方を選んでください。

② Many people were (died / killed) in the accident. の（　）内から正しい方を選んでください。

③ The restaurant is (closing / closed) on Mondays. の（　）内から正しい方を選んでください。

④ Check these lists careful. という英文中の誤りを訂正してください。

⑤ roof（屋根）の複数形は roofs。では shelf（棚）の複数形は？

⑥ The boy said that he had seen an UFO. の1語を訂正して正しい英文にしてください。

⑦ The police is looking into the murder case.（警察はその殺人事件を調査している）という英文中の誤りを訂正してください。

① 【car】「私たちは車で空港へ行った」。〈by ＋交通手段〉の表現では，冠詞はつけません。

② 【killed】「（戦争・事故などの人災で）死ぬ」は be killed で表せます。be died という形はありません。

③ 【closed】「そのレストランは月曜日は閉店している」。closing だと「閉じつつある」という意味になります。「閉店時間」は closing time と言います。

④ 【careful → carefully】「これらのリストを注意深く照合しなさい」の意味。副詞を使うのが正しい形です。

⑤ 【shelves】f で終わる語の中には，複数形が -ves となるものがあります。knife（ナイフ）→ knives もその例です。

⑥ 【an → a】「その少年は UFO を見たと言った」。「ユー」は [ju:] と読み，[j] は母音ではないので前に an はつけません。

⑦ 【is → are】the police（警察）は常に複数扱いします。

《日本人が知らない英語のツボ3》

✣

英会話の力はどうすれば伸びるの？

ここではオーソドックスな学習法を説明します。会話は双方向のコミュニケーションなので，まず相手の言うことを理解する必要があります。つまりリスニングです。聞くことは話すことよりも簡単なので，最初はリスニングの練習を重点的に行うとよいでしょう。リスニングの教材はたくさん市販されていますが，お金をかけたくなければインターネットの動画サイトにたくさんの素材があります。たとえばアメリカの国営放送VOAのサイトでは，スクリプトつきのニュースをスロースピードで読んでくれます。

話すことに関しては，実際に口に出す練習が不可欠です。英会話学校に通うのがベストですが，オンラインで英会話レッスンを提供するサイトもたくさんあります。また，「これは英語で何て言うんだろう？」という意識を常に持っておき，わからない場合はその場で調べる習慣をつけておくと，表現力の向上に大きな効果があります。携帯アプリのオンライン辞書（英辞郎など）を利用するとよいでしょう。

いずれにしても，何らかの形でネイティブスピーカーと接する機会を持つのがベターです。ボランティア活動でも飲み屋でもかまいません。最初は全く言葉が出てこなくても，自分が英語を使っている，あるいは使おうとしているという意識が，次のステップへ進むための大きな動機づけとなります。

特集2

英語で自然にやりとりするには
コツがいる＜応用編＞

スマートなお願いなら、どんな相手もイエスという

●許可を求める

① May I park my car here?（ここに駐車してもいいですか）

may は「(目上の人が目下の人に) 許可を与える」という意味なので、May I ～? はていねいな響きを持ちます。次のようにも表現できます。
・Can [Could] I park my car here?（ここに駐車できますか）
Can I ～? はカジュアルな表現で、施設の管理係などに尋ねるのに適しています。過去形の could を使うと、can よりも控えめでていねいな響きになります。一般に、助動詞の過去形 (would, could, might) を使うとていねいな言い方になることを知っておきましょう。

② Is it all right if I sit here?（ここに座ってもいいですか）

〈Is it all right if ～?〉は「～してもいいですか」の意味。

③ Do you mind if I use this computer?
（このパソコンを使ってもかまわない？）

mind は「気にする、いやがる」。直訳すると「もし私がこのパソコンを使うと、あなたはいやですか」。控えめに許可を求める言い方です。次のようにも表現できます (would を使う方がていねい)。

- Would you mind if I used this comptuter?
- Do [Would] you mind me [my] using this computer?

●頼みごとをする

1 Could [Would] you wait here, please?
（ここでお待ちいただけますか）

Wait here, please.（ここで待ってください）だと，一方的に自分の都合で「待ちなさい」と命令している感じになります。相手に物を頼むときは疑問文の形を使いましょう。そうすればイエスかノーかの判断を相手に委ねることになり，穏やかに響きます。Could [Would] you ～？は「～していただけますか」というていねいな頼み方です。

2 Can you copy this?（これをコピーしてくれるかい？）

カジュアルな頼み方。can の代わりに could を使うとていねいな表現になります。

3 Can I ask you a favor?（お願いがあるんだけど）

May I ～？の方がていねいな響きになります。親しい間柄なら Do me a favor. とも言います（favor ＝好意，親切）。

4 Can you manage?（何とかなりませんか？）

次のような言い方もあります。
- Have a heart.（そこを何とか（頼みます））

- I'm begging you.（一生のお願いだ）

5 Sorry to trouble you, but will you give me a hand?
（悪いんだけど，手を貸してくれない？）

この文の trouble は「〜に迷惑をかける」という意味の動詞。May I trouble you to give me a hand? とも言えます。親しい間柄なら，単に Give me a hand.（手を貸してよ）と言ってもかまいません。

6 Would you mind moving over a bit?
（少し〔席を〕つめてもらえますか）

電車やバスで使う表現。Would you make room for me? とも言います。Would you mind 〜 ing? は「あなたは〜するのをいやがりますか→〜していただけますか」という意味です。

7 I'd [I would] appreciate it if you would help me.
（お手伝いいただけるとありがたいのですが）

直訳は「もしあなたが私を手伝う意志がおありなら，私はそれに感謝するのですが」。非常にていねいな頼み方で，主に書き言葉で使います。

「聞き上手」は、こういう
便利フレーズを知っている

●相手の意向を尋ねる

① Which would you like, beer or sake?
(ビールとお酒とどっちがいい？)

would like は want のていねいな表現。Which do you want, beer or sake? よりも穏やかな言い方になります。

② Would you like to have something to drink?
(何か飲み物はいかがです？)

この文の場合も，Do you want something to drink? よりもていねいな尋ね方になります。

③ Would you like me to take a photo of you?
(写真を撮ってあげましょうか？)

この文は次のようにも表現できます。
・Shall I take a photo of you?
・Do you want me to take a photo of you?
中学では Shall I 〜?（〜しましょうか）という形を習いますが，これは主にイギリスで使う表現。アメリカでは Do you want me to 〜?（私に〜してほしいですか）がよく使われます。Would you like me to 〜? はそれをていねいにした言い方です。また，

「タクシーを呼びましょうか [呼んだ方がいいですか]？」のような状況なら Should I call a taxi? のように should を使うこともできます。

---

④ **Why don't we take a taxi?**（タクシーを使おうか）

この文は次のようにも表現できます。
- Shall we take a taxi?
- Let's take a taxi, shall we?
- Should we take a taxi?

Shall we ～?（一緒に～しましょうか）は主にイギリスで使う言い方。アメリカでは Why don't we ～? が好まれます。また，We could take a taxi.（タクシーを使うこともできますが〔どうしますか〕）とも表現できます。

---

⑤ **How about another piece of cake?**
（ケーキをもう一切れどう？）

How about ～? は「～はいかがですか」と相手に提案したり勧めたりするのに使います。about の後ろに～ing 形を置くこともできます。
- How about going to a movie?（映画に行くのはどう？）

---

⑥ **Why don't you join us?**（一緒に行きましょうよ）

Why don't you ～? は「あなたはなぜ～しないのですか→～すればいいのに／～しましょうよ」ということ。Why don't you ask the secretary?（秘書に聞いてみたら？）のように相手に助言する場合にも使います。

7 **"What time should we meet?" "Let's say at 1:00."**
(「何時に会おうか」「1時でどうかな」)

〈Let's say 〜〉は「たとえば〜ではどうですか」と提案する場合に使えます。

8 **Would this afternoon be convenient?**
(今日の午後はご都合がよろしいですか)

Is this afternoon convenient (for you)? よりもていねいな言い方です。

9 **If you don't mind, use this desk, please.**
(もしかまわなければこの机を使ってください)

単に Use this desk, please. と言うと強制的な感じですが, if you don't mind で相手の意向を尋ねればていねいな言い方になります。if it is convenient for you（もしご都合がよろしければ）という表現もあります。

●聞き返す&確認する

1 **"I'm a soccer fan." "Are you?"** （「私はサッカーファンです」「そうなんですか」）

前の文と同じ形を使って問い直すパターン。次も同様です。
・"I bought a new car." "Did you?"（「新車を買ったんだ」「へえ, そうなんだ」）

② **"My brother is a gynecologist." "Your brother is what?"**（「兄は婦人科の医者なの」「お兄さんが何だって？」）

前の文の聞き取れなかった語を疑問詞に置き換えて尋ねるパターン。次も同様です。
・"He's from Miyakejima." "He's from where?"（「彼は三宅島の出身だよ」「どこの出身ですって？」）

---

③ **"I'll buy you lunch today." "Really? What's the occasion?"**（「今日はぼくが昼食をおごるよ」「本当に？何があったの？」）

Really? は「本当ですか，違いますか」という質問ではなく，日本語の「まじで？」に近いニュアンス。Are you serious? とも言います。
What's the occasion? は「何か（いいことが）あった？」「何のお祝い？」という意味。

---

④ **In short?**（つまり？）

次のような言い方もあります。
・Can you put it another way?（他の言い方で言ってくれる？）
・Could you be more specific?（もっと具体的に言ってもらえますか？）

---

⑤ **"I don't really want to go to the party." "Why not?"**
（「パーティーにはあまり行きたくないんだ」「なぜ？」）

否定文を受けて「なぜ（そうではないの）ですか」と尋ねるときは，Why not? と言うのが普通です。

6 "I can't find my wallet." "You mean you've lost it?"
(「財布が見当たらないんだ」「なくしたってこと？」)

(Do) you mean ～? は「～という意味ですか」。自分の考えが間違っていないかどうか確認したいときに使います。次のような言い方もあります。
・What do you mean by that?（それはどういう意味？）
・What's your point?（何が言いたいの？）

●問いかける

1 **How did you like the party?**（パーティーはどうだった？）

How do [did] you like ～? は相手に感想を尋ねる言い方。I enjoyed it very much.（とても楽しかったよ）などと答えます。

2 **You look happy. What happened?**
（うれしそうだね。何があったの？）

「（あなたに）何が起きたのですか」ということ。

3 **Have you ever eaten kangaroo meat?**
（カンガルーの肉を食べたことある？）

〈Have you ever ＋過去分詞 ～?〉は「今までに～したことがありますか」という意味。Yes, a few times.（ええ，２～３回あります），No, never.（いいえ，１回もありません）のように答えます。

自然な「あいづち」で、相手に気持ちよく話してもらおう

●同意・承諾する

1 "How about dinner on Friday?" "Sounds great."
(「金曜日に一緒に夕食を食べない？」「いいね」)

(That) sounds great.（それはすてきに聞こえる）の意味。相手の誘いに応じるときに使う定番のフレーズです。そのほか次のような言い方もあります。
- (That) sounds good [nice] (to me).（いいね）
- (That) sounds like fun.（面白そうだね）
- (That's a) good idea [suggestion].（いい考え［提案］ね）

2 "Why don't you come and have dinner with us?" "Really? I'd love to."
(「今夜うちで一緒に夕食をとらない？」「本当に？喜んで」)

「私は喜んでそうします」の意味。to の後ろに come and have dinner with you を補って考えます。Thank you. で答えてもかまいません。

3 "Why don't we eat out this evening?" "Yeah, why not?"（「今晩は外で食事しない？」「うん，いいとも」）

Why not? は「いいですとも」と誘いを承諾するときの慣用表現。

そのほか OK. ／ All right. ／ Sure. ／ Yes, let's. ／ I'd love to. ／ With pleasure.（喜んで）／ I don't mind.（かまわないよ）なども使えます。

・・・

④ "Shall I make you some coffee?" "Yes, please."
（「コーヒーを入れましょうか？」「ええ，お願いします」）

Thank you. も使えます。断るときは No, thanks. などと言います。

・・・

⑤ "Would you like a cappuccino?" "Fine with me."
（「カプチーノでいい？」「それで結構」）

(That's) fine with me. は「私（の方）はそれでかまいません」という意味。

・・・

⑥ "May I use this phone?" "Sure. Go ahead."
（「この電話を使ってもいいですか？」「ええ，どうぞ」）

Go ahead. は「どうぞご遠慮なく」と相手に勧めるときのフレーズ。Feel free.（どうぞご自由に）とも言います。

・・・

⑦ "Could you drive me to the station?" "I'd be glad to."
（「駅まで車に乗せて行ってくれる？」「いいわよ」）

I'd [=I would] be glad to. は「私は喜んでそうします」の意味。このほか相手の頼みを承諾する表現には，OK. ／ All right. ／ Yes(, I will). ／ Sure (thing). ／ Certainly. ／ Of course. ／ Why not? ／ No problem. ／ No sweat.（お安いご用です）などがあります。

・・・

⑧ **"May I smoke here" "Yes, you can."**
(「ここでたばこをすってもいいですか?」「ええ, いいですよ」)

May I ~? という問いに対して Yes, you may. と答えることはあまりありません。これだと「そうしてよろしい [許可します]」という尊大な響きになるからです。Yes, you can.(はい, できます) なら問題ありません。

⑨ **"May I hold your hand?" "You don't have to ask."**
(「手をつないでもいい?」「もちろんよ」)

直訳は「あなたは尋ねる必要はない」。「遠慮しないで」という状況で使える表現です。

⑩ **"Leave the matter to me." "All right, if you say so."**
(「その件は私に任せてください」「君がそう言うならいいよ」)

消極的に同意する表現です。if you want to(君が望むなら)などのバリエーションもあります。

⑪ **"Please dance with me, just once." "O.K. if you insist."** (「一緒に踊ってください, 一度だけ」「いいわよ。一度だけね」)

「もしあなたがどうしてもと言い張るなら」ということ。断りきれずに誘いを受けるときに使う言葉です。

⑫ **" Why don't we put off the party?""Yeah, we might as well."** (「パーティーを延期しない?」「うん, それもいいかもね」)

〈might as well ~〉は「~するのも悪くない, ~してもいい」の

意味。消極的な同意の表現です。

●肯定・賛成・了解する

1 "His shot was fantastic!" "I agree."
（「彼のシュートは最高だったね」「同感だ」）

I agree (with you). は「あなたに賛成です」の意味。強調して I completely agree.（大賛成）とも言います。また，次の表現もよく使います。
・I think so, too.（私もそう思います）
・That's right [true].（その通りです）
・You're right.（その通りです）

2 "Is the answer 7?" "Exactly."
（「答えは7ですか？」「そのとおり」）

1語の副詞や形容詞を使って答える場合があります。たとえば Exactly. ／ Right. ／ Definitely. ／ Absolutely. などは，「そのとおり」「もちろんだ」という肯定の返事に使えます。Maybe.（たぶんね），Probably.（おそらくそうだ），Impossible.（ありえない）などの可能性を表す語も同様です。

3 "It's hot today, isn't it!" "Yes, it sure is."
（「暑いね！」「うん，まったくだ」）

sure が肯定の気持ちを強めた言い方。

④ **"I don't rememember saying such a thing." "You really did."**（「そんなことを言った覚えはない」「君は本当に言ったよ」）

You really said so.（君は本当にそう言った）の意味。

---

⑤ **"The deadline is Friday." "Got it."**
（「締め切りは金曜日だよ」「了解」）

この文の get は「わかる，理解する」の意味で，(You) get it? は「わかる？」。see にも同じ意味があり，You see? は「わかった？」，I see. は「わかりました」です。

---

⑥ **I sort of understand.**（なんとなくわかりました）

〈sort [kind] of ～〉は「少し，いくらか」の意味の副詞として使います。

言いにくいことを英語で伝えるときの心得とは？

●否定する

1 "Do you work here?" "Afraid not. Sorry."
(「あなたはここの職員ですか？」「違います，すみません」)

(I'm) afraid (I do) not (work here). ということ。〈I'm afraid ～〉は「残念です［すみません］が～」の意味です。この例の場合，(I'm) afraid を加えることで No, I'm not. と答えるよりも穏やかに響きます。

2 I don't think so. （そうは思いません）

次のような言い方もあります。
- I don't agree (with you). （同意できません）
- I guess not. （それはないでしょう）
- I doubt it. （それは疑わしいですね）

3 "Was the movie good?" "Far from it. It was disappointing." （「映画はよかった？」「とんでもない。がっかりしたよ」）

強く否定する答え方。次のようにも言います。
- Not at all. （全くそうではない）
- Absolutely not. （絶対にそうではない）

④ **"Are you interested in him?" "No way."**

(「彼に気があるの？」「あり得ないわ」)

No way. は「ありえない」「絶対にだめ」の意味。親しい間柄で使う強い否定の表現です。

---

⑤ **"I just won 10 million yen in the lottery." "You're kidding!"** (「宝くじで1,000万円当たったんだ」「冗談だろう」)

kid は「～をからかう，冗談を言う」。You're kidding. は「あなたは冗談を言っている→うそでしょう」ということ。Don't kid me. ／ No kidding. とも言います。

---

⑥ **"Why is John absent?" "I have no idea."**

(「ジョンはなぜ欠席しているの？」「全然わからないよ」)

「知らない，わからない」は，I don't know. ／ (It) beats me. とも言います。

●断る

① **"Would you like a second helping?"**
 "No, thanks. I'm stuffed."

(「お代わりをどう？」「もうけっこう。お腹がいっぱいだ」)

「いいえ，けっこうです」と断るときは No, thank you. ／ No, thanks. と言うのが一般的ですが，これだけだとぶっきらぼうな感じです。何か言葉を添えるようにしましょう。

② **"Can you come to the party?" "Sorry, I can't. I have to work."**

（「パーティーに来られる？」「ごめん，行けないんだ。仕事があるから」）

頼まれたり誘われたりしたときに「いいえ，だめです」と断る場合は，最初に (I'm) sorry.（ごめんなさい）などと謝り，次に断る理由を添えるようにします。

③ **"Would you like to go to the movies with me tonight?" "I'm afraid I can't. I have to be home by eight."** （「今晩ぼくと映画に行くのはどうだい？」「悪いけど行けないわ。8時までに帰らなきゃいけないの」）

I'm afraid は I'm sorry と同じ意味。相手の誘いを断る場合も，理由を添えるのが普通です。次のような文も使えます。
・No, let's not.（やめておこう）
・I'm not in the mood.（そんな気分じゃないな）
・I really don't feel like it today.（今日はあまり気が乗らないわ）
・Sorry, I already have plans.（ごめんね，もう予定があるの）
・Sorry, I'm tied up now.（ごめん，今手が離せないんだ）
・I'll pass this time.（今回は遠慮します）
・Maybe next time.（また今度にして）
・Perhaps some other time.（また別の機会にね）
・I'm not available.（都合がつきません）
・That's a bad day for me.（その日はだめなんです）
・Sorry, but find somebody else.（悪いけど他の人を探して）

④ **"Why don't you stay a little longer?" "I'd love to, but I have to get up early tomorrow."**

(「もうちょっといればいいのに」「そうしたいんだけど, 明日は朝が早いんだ」)

〈I'd love [like] to, but 〜〉は「できればそうしたいのですが〜」と相手の誘いを断るのに使います。I wish I could, but 〜（そうできればいいんだけど〜）という言い方もあります。

- -

5 **"Would you mind if I smoke?" "I'd rather you didn't. I'm pregnant."** (「たばこをすってもかまいませんか？」「できればやめていただきたいのですが。妊娠中なので」)

I'd rather you didn't. は「あなたに（むしろ）そうしないでほしい」。穏やかに拒むときの表現です。

- -

6 **"Would you mind sharing the table?" "Yes, I would. My boyfriend'll be here soon."** (「相席してもかまわない？」「いいえ。もうすぐ彼が来るの」)

mind（いやがる）を使った問いに Yes を使って答えると, しばしば不快感のこもった強い拒絶になります。

「答え方」を覚えれば、英語で会話のラリーができる

●あいまいに答える

① *"Is this the right road?" "I'm not sure."*
(「この道で合ってるの？」「よくわからないんだ」)

確信が持てないときはこのフレーズを使いましょう。次のような言い方もあります。
・I can't say for sure. (確実には言えない)
・Maybe yes, maybe no. (そうかもしれないし，そうでないかもしれない)
・Yes and no. (どちらともいえない)

② *"Are you going for a drive?" "It depends on the weather."* (「ドライブに行くの？」「天気しだいだね」)

〈depend on ～〉は「～に左右される，～しだいだ」の意味。前述のように，単に It [That] (all) depends. と言えば「時と場合による，ケースバイケースだ」の意味になります。

③ *"It's time we bought a new car." "Well, I'll think about it."* (「そろそろ新車を買ってもいい頃よ」「そうだね，考えておくよ」)

日本語の「考えておきます」に近いニュアンスです。次のような

言い方もあります。
- Let me think about it.（考えさせてください）
- I'll sleep on it.（一晩よく考えてみます）

④ "What does he do?" "I guess he's a salesclerk or something."（「彼は何の仕事をしているの？」「店員か何かじゃないの」）

〈名詞＋or something〉は「〜かまたは何か別のもの」という意味。正確にわからないときや，あいまいな返事をしたいときに使います。Are you a lawyer?（あなたは法律家ですか？）という問いに「まあ，そんなものです」とぼかして答えたいときは，Yeah, something like that. と言います。

●相手に任せる

① "When shall I come to your office?" "Any time is OK."（「いつそちらの事務所にうかがいましょうか？」「いつでもかまいません」）

any（どんな〜でも）を使って，相手に判断を委ねる答え方ができます。

② "What kind of food do you like?" "Anything is OK except raw fish."
（「どんな種類の食べ物が好き？」「生魚以外なら何でもかまわないよ」）

Anything is OK [fine] except 〜 は「〜以外なら何でもかまわない」の意味。また，どんなレストランに行きたいかと尋ねられた

とき，Any place is OK if it isn't expensive.（高くなければどこでもいいよ）と答えることができます。

③ "Which would you like, coffee or tea?" "It doesn't matter."
（「コーヒーと紅茶，どっちがいい？」「どっちでもいいよ」）

matter は「重要だ」という意味。Either will do.（〔2つのうち〕どちらでもかまいません）とも言います。

④ "What time should we meet?" "You decide (when)." （「何時に会おうか」「任せるよ」）

●相づちを打つ

① "I'm starving." "Me, too." （「腹ぺこだ」「私も」）
I'm starving, too. とも言いますが，「私もそうです」は Me(,) too. で表せます。So am I. とも言います。

② "I'm not good at singing." "Me, neither."
（「歌は苦手なんだ」「私もよ」）

前が否定文なら too の代わりに neither を使います。Neither am I. または I'm not, either. とも言います。

③ "You look nice in your yukata, Kaoru." "Thank you. You too, Betty."

(「浴衣が似合ってるわよ, カオル」「ありがとう。あなたもね, ベティー」)

「あなたもそうです」は You(,) too. で表します。

---

4 **"You haven't changed a bit." "Thanks. You neither."**
(「君は昔と全く変わっていないね」「ありがとう。あなたも変わっていないわ」)

前が否定文のときは You(,) neither. を使います。

---

5 **"I feel like quitting my job, as well." "Not you, too."**
(「ぼくも仕事をやめたい気分だよ」「君までそんなことを言うなよ」)

Not you, too. は「まさか君もか」「やめろよ君まで」の意味。

●臨機応変に答える

1 **"What type of a person is your boss?" "The short answer is (that) he's a go-getter."**
(「君の上司はどんな人？」「一言で言えばやり手だね」)

---

2 **"Why did you break your promise?" "Sorry, I couldn't help it. I had to work overtime."**
(「なぜ約束を破ったの？」「ごめん, 仕方がなかったんだ。残業があったから」)

help には「避ける」の意味があります。I can't help it. は前述のとおり「(それを) 避けられない」ということ。

③ **"I managed to pass the test." "I'm relieved to hear that."**(「どうにかテストに受かったよ」「それを聞いて安心したわ」)

relieved（安心して）の代わりに glad ／ happy（うれしい），sad（悲しい），disappointed（がっかりして），surprised（驚いて）などさまざまな形容詞を置いた文が作れます。

・・・・・・・・・・・・・・・・・・・・・・・・・・・・・・・・・・・・・・・

④ **"How was your vacation?" "All too short!"**
(「休暇はどうだった？」「短すぎたよ」)

〈all too ～〉は「(時間が) 全く～すぎる」という意味。

・・・・・・・・・・・・・・・・・・・・・・・・・・・・・・・・・・・・・・・

⑤ **"Why do I have to study, Dad?" "That's a good question."** (「なぜ勉強しなくちゃいけないの，パパ」「いい質問だ」)

即答が難しく「答えにくい［痛いところを突く］ね」とあいまいに答えるときに使えるフレーズです。

・・・・・・・・・・・・・・・・・・・・・・・・・・・・・・・・・・・・・・・

⑥ **"I'm going to a hot spring." "Are you? Lucky you!"**
(「温泉に行くの」「そうなの？うらやましいわ」)

Lucky you. は You're lucky.（あなたは運がいい）ということですが，I envy you.（うらやましい）の意味でも使います。

素直に「感謝」「お詫び」の気持ちを伝えてみよう

●感謝する

① **Thanks for everything.** （いろいろありがとうございます）

Thank you や Thanks の後ろに for を置いて，「～をありがとう」という意味を表せます。次の文も同様です。
- Thanks for your trouble.（ご苦労さまでした）
- Thank you for your time.（お時間をとっていただきありがとうございました）
- Thank you for inviting me.（招待していただいてありがとうございます）

② **That's very kind of you (to help me).**
（〔手伝っていただいて〕大変ご親切さまです）

of を使う点に注意。very の代わりに so ／ really ／ awfully なども使います。また，kind の代わりに nice も使います。

③ **"I'm sorry I can't help you." "Well, thanks anyway."**
（「お役にたてなくてごめんなさい」「いえ，とにかくありがとうございます」）

「(期待通りではない［誘いはお断りする］けれど）ご好意には感謝します」といった状況で使う表現。Thank you just [all] the same. とも言います。

4 I can't thank you enough. (何とお礼を申し上げてよいのかわかりません)

感謝の気持ちを強調した表現。次のような言い方もあります。
- I can't express my thanks for your help.
  （あなたの援助にはお礼の申しようもありません）
- You're a big help. （おかげで助かります）

5 "Thank you for the e-mail." "You're welcome."
（「メールをくれてありがとう」「どういたしまして」）

Thank you. に対して「どういたしまして」と答える一般的な表現は You're welcome. ですが，そのほかにもいろいろな言い方があります。
- Don't mention it. （どういたしまして）
- It's all right. （いいですよ［どういたしまして］）
- Not at all. （いえいえ［どういたしまして］）
- It's nothing. （大したことじゃありません）
- Think nothing of it. （気にしないでください）
- The pleasure is (all) mine. （こちらこそ）
- (It's) my pleasure. （こちらこそ）
- No problem. （かまいませんよ）
- Any time. ／ Whenever. （いつでも言ってください）

6 "I brought some cake with me."
"You shouldn't have. Thank you."
（「ケーキを持ってきたよ」「そんなことしなくてもよかったのに。ありがとう」）

直訳は「あなたはそうすべきではなかったのに（実際にはした）」。相手の好意に対して申し訳ない気持ちを表す表現です。You needn't have.（そうする必要はなかったのに）とも言えます。

●謝る

1 We're sorry for the inconvenience.
（ご迷惑をおかけして申し訳ありません）

---

2 I'm sorry to trouble you. （お手数をおかけします）

---

3 I'm sorry to have kept you waiting. （お待たせしてすみません）

---

4 I'm so sorry, but I can't come. （本当にすみませんが行けません）

I'm (so) sorry の後ろには，for で始まる語句，不定詞，文の形などを置くことができます。

---

5 "I'm awfully sorry." "That's all right."
（「本当にごめんなさい」「いいよ，気にしないで」）

相手に謝られたときには，次のような答え方もします。
- No problem.（問題ないよ）
- It doesn't matter.（かまわないよ）
- Nothing to be sorry about.（何も謝ることはないよ）
- Not your fault.（君のせいじゃないよ）
- You couldn't help it.（仕方がなかったんだよ）

自分の気持ち、そう伝えればよかったのか

●予想をする

1 I hope it will be sunny next Sunday.
(今度の日曜日は晴れてほしいな)

〈I hope (that) 〜〉は好ましいことを予想するときに使います。I hope so. は「そうだといいね」の意味です。

2 I'm afraid it will rain next Sunday.
(〔残念ながら〕今度の日曜日は雨だろう)

〈I'm afraid (that) 〜〉は好ましくないことを予想するときに使います。I'm afraid so. は「残念ながらそうだ(ろう)」の意味です。

3 I wonder if it will be sunny next Sunday.
(今度の日曜日は晴れるかな)

〈I wonder if 〜〉は「〜だろうか」と疑う気持ちを表します。

4 I'm sure you'll like this restaurant.
(君もきっとこのレストランを気に入るよ)

〈I'm sure (that) 〜〉は確信を持った予想を表します。〈I bet 〜〉とも言います (bet =賭ける)。

●願望を述べる

1 **I'd like to reserve a table for four tonight.**
（今夜4人の席を予約したいのですが）

〈I'd [I would] like to 〜〉は「〜したい」。

---

2 **I'd rather have black coffee.**（ブラックコーヒーがいいな）

〈I'd [I would] rather 〜〉は「(むしろ) 〜がほしい」。

---

3 **I'd rather go shopping than go swimming.**
（泳ぎに行くより買い物に行きたいんだけど）

〈I'd rather A than B〉は「BするよりむしろAしたい」。A・Bには動詞の原形を置きます。

●同意をもとめる

1 **Don't you think this show is boring?**
（この番組は退屈だと思わない？）

n'tを含む語で始まる疑問文（否定疑問文）は、イエスの答えを想定した尋ね方です。この文は「そうだね」という同意を求めています。This show is boring, isn't it?（この番組は退屈だよね）とも言えます（付加疑問文）。

---

2 **"Who's that singer on TV?" "What? Don't you know**

her?"（「テレビに映っているあの歌手は誰だい？」「何ですって？彼女を知らないの？」）

「当然知っているはずなのに」という驚きを表します。

③ **Turn down the TV. Can't you see I'm studying?**
（テレビの音を小さくしてよ。私が勉強しているのが見えないの？）

「見えるはずよね」という非難の響きがあります。

④ **"I should have reserved a table." "Didn't I tell you?"**
（「席を予約しておけばよかったよ」「だから言ったでしょ？」）

「私はあなたに言いませんでしたか［言いましたよね］」ということ。似た意味を表す次のような言い方もあります。
- See, I told you.（ほら，だから言ったでしょう）
- I knew it.（やっぱりね）
- Just as I expected.（そんな気がしました）

そのひと言だけで、相手はグッとくる

●励ます

1. **Don't warry.**（心配ないよ）

2. **Never say die.**（弱音を吐くな！）

3. **Don't be scared.**（怖がらないで）

4. **Take it easy.**（無理しないで［気楽にね］）

   別れるときに「さようなら」の意味でも使います。

5. **Take your time.**（急がずやってください）

6. **It's too early to give up.**（あきらめるのはまだはやい）

7. **Take heart.**（元気を出して）

8. **"I'm afraid I'll fail the exam." "Oh, come on, cheer up!"**（「試験に落ちるんじゃないかな」「大丈夫さ。元気を出して！」）

   Come on. はくだけた会話で相手を励ましたり挑発したりして「大

丈夫だ，がんばれ，さあ来い［やれ］，お願いだ」などの意味で使います。

●慰めるとき

① **"I broke my leg while playing soccer." "That's too bad."**（「サッカーをしていて足を折ったんだ」「それはお気の毒に」）

相手に同情する表現。次のようにも言います。
- I'm sorry to hear that.（それはお気の毒に）
- What a shame [pity]!（何てお気の毒に）
- I sympathize with you.（ご同情します）

. . . .

② **"I failed my driving test." "Don't worry. You'll get another chance."**（「運転免許の試験に落ちたの」「心配ないよ。またチャンスがあるさ」）

慰める表現には次のようなものもあります。
- Don't be too concerned.（あまり心配しないで）
- Forget it.（気にするなよ）
- It can happen to anybody.（誰にでもあることだよ）
- Nobody cares about that.（誰も気にしていないよ）

③ **I've seen worse.**（まだましな方だよ）

直訳は「私はもっと悪いことを見たことがある」。

●ほめるとき

1 "I got a perfect score." "That's great!"
(「満点を取ったよ」「すごいね！」)

単に Great! とも言います。相手の話に感心したときに幅広く使えるフレーズです。そのほか，Excellent! / Fantastic! / Terrific! / Wonderful! などの副詞で「すごい！」の意味を表すことができます。

2 "They say she speaks five languages." "Incredible!"
(「彼女は5か国語を話すそうだ」「信じられない！」)

驚きと賞賛を表す表現。Unbelievable! や I can't believe it.（信じられない），(That's) amazing [surprising]!（驚きだ）なども使えます。

3 Good job. (よくやった，お疲れさま)

Well done! / Good for you! とも言います。

4 Couldn't be better. (最高だ)

「これ以上よいことはありえないだろう」ということ。

5 It leaves nothing to be desired. (全く申し分ない)

「望まれることは何も残っていない」ということ。

たった一言で、相手を動かすにはコツがいる

◉相手の行動を促す

1 "Are you going to use the copier?" "After you."
(「コピー機を使うの?」「どうぞお先に」)

After you. は「私はあなたの後で(やります)」の意味。自分の行動を表す表現なので、please はつけません。

2 Don't hesitate to ask me anything.
(ご遠慮なく私に何でも尋ねてください)

〈Don't hesitate to ～〉は「～するのをためらってはならない→遠慮なく～してください」ということ。

3 Give it a try. (試しにやってごらん)

4 It never hurts to ask. (聞くだけ聞いてみたら?)

5 Take your chance. (当たって砕けろだよ)

6 You'll never know until you try. (やってみなくちゃわからない)

7 **It's worth trying [a try].** (やってみる価値はある)

8 **It's now or never.** (やるなら今しかない)

9 **It's easier than you think.** (思っているよりずっと簡単だよ)

●反論する

1 **"Do your homework." "I know, but I'm tired."** (「宿題をしなさい」「わかってるけど、疲れてるんだ」)

相手の言うことに対して「それはわかるよ、でも〜」と否定したり反論したりするときに使います。

2 **"This video is exciting, isn't it?" "Do you think so? I don't like it very much."** (「このビデオは面白いね」「そう思う？ 私はあまり好きじゃないわ」)

Do you think so?は「あなたはそう思いますか、（でも）私はこう思います」という場合にしばしば使います。Is that so? とも言います。

3 **"Can you run to the store?" "Why me?"** (「お使いに行ってくれる？」「何で私が？」)

「なぜ私がやらなければならないのか」という不満を表す言い方。

4 **Who cares?** (どうでもいいじゃないか)

「誰が気にするのか（いや、誰も気にしない）」ということ。動詞

の care は「気にかける」の意味で使います。

5 **Mind your own business.** (余計なお世話だ)

原義は「あなた自身の仕事に精を出しなさい」。That's not your concern.（あなたには関係ない）とも言います。

●助言するとき

1 **This is a good time to tell you.** (この際だから言っておくけど)

2 **That subject is off limits.** (それは禁句だよ)

3 **You'll see.** (今にわかるさ)

Time will tell.（時がくればわかるよ）とも言います。

《日本人が知らない英語のツボ4》

✣

どうすれば英語っぽく発音できるの？

自分で英語の文を読んだとき「どうも英語っぽく聞こえないな」と思ったら，その大きな原因はイントネーション（抑揚）が的確でないことにあります。英語らしい発音をするには，個々の単語の音よりもイントネーションを意識する方が近道です。

正しいイントネーションは英語をたくさん話しているうちに自然に身につくものですが，最初は次の2点を意識するとよいでしょう。

(1)「弱-強」のリズムを繰り返す
(2) 意味の切れ目の最後の単語を強く読む

たとえば次のような具合です。

I'm very sórry / I've lost the magazíne / I borrowed from you last wéek.

（先週君から借りた雑誌をなくしちゃってごめん）

英語の発音はリズムが大切であり，「強」と「強」のインターバルを一定にすることを意識して読んでみてください。下線の3語以外は「弱」に当たるので，軽く流して読む感じで。ネイティブの日常会話では，「弱」の部分がほとんど聞こえないこともよくあります（それがリスニングを困難にします）。自分の耳で聞こえたとおりに発音する練習を行えば，英文の読み方のコツがだんだんつかめてくるはずです。

3

これこそ英語の表現力がアップする"勘どころ"

001 "苦手な英会話"を克服する最初のステップ

●次の各問いに答えてください。

① He is deeply ( ) debt. と Which section are you ( )? の空所に共通して入る前置詞は？

② I applied ( ) the job. と He resigned ( ) personal reasons. の空所に共通して入る前置詞は？

③ We decorated the table ( ) flowers. と What did you cut your finger ( )? の空所に共通して入る前置詞は？

④ I'll contact him ( ) e-mail. と I got this ticket ( ) chance. の空所に共通して入る語は？

⑤ I'll show you ( ) the town. と I heard my name called and turned ( ). の空所に共通して入る語は？

⑥ I was in time for the train. = I made ( ) to the train. の空所に入る語は？

⑦ It looks like rain. = It's ( ) to rain. の空所に入る語は？

① 【in】「彼は大きな借金を抱えている(←借金の中に深く浸かっている)」「あなたはどの部署に所属していますか」。

② 【for】「私はその職に応募した」(apply for 〜＝〜に応募する)、「彼は一身上の都合で退職した」(for 〜 reason(s) ＝〜の理由のために)。

③ 【with】「私たちはテーブルを花で飾った」「何で指を切ったの？」。どちらも「〜で」(手段，原因)を表す with が入ります。

④ 【by】「彼にメールで連絡します」(by ＝〜によって)「このチケットは偶然手に入れたものだ」(by chance ＝偶然)。

⑤ 【around】「町をご案内します」(show A around B ＝ A に B を(巡って)案内する)「私は名前が呼ばれるのを聞いて振り向いた」(turn around ＝振り向く)。

⑥ 【it】「私は電車に間に合った」。make it は「間に合う」の意味で使います。

⑦ 【likely】「雨が降りそうだ」。be likely to 〜 で「〜しそうだ」の意味になります。going を入れてもかまいません。

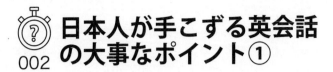

日本人が手こずる英会話の大事なポイント①

● 次の各問いに答えてください。

① Don't keep her ( ) outside. の空所に入るのは, waiting, waited, to wait のうちのどれ？

② "How do you like this restaurant?" "Can't ( )." の空所にcで始まる語を入れて「まずまずだね」の意味にするには？

③ "Pass me the file." "You ( ) this?" の空所に入る「これのこと？」を意味する語は？

④ Be sure to lock the door. = Don't ( ) to lock the door. の空所に入る語は？

⑤ I ( ) my rival in the tennis match. の空所に入るのは, beat, broke, fell, won のうちのどれ？

⑥ She plays the guitar well. = She is a ( ) ( ). の空所に入る語は？

⑦ She's my (c) friend.（彼女は私の幼なじみです）の空所に与えられた文字で始まる適切な語を入れてください。

① 【waiting】「彼女を外で待たせてはいけません」。〈keep A ～ing〉で「A を～したままにしておく」の意味。

② 【complain】「このレストランの味はどう？」「まずまずだね」という会話。Can't の前に I が省略された形です。

③ 【mean】「そのファイルを取ってよ」「これのこと？」という会話。Do you mean this? の Do を省略した形です。

④ 【forget】Be sure to ～は「必ず～しなさい」，Don't forget to ～は「～するのを忘れてはいけない」。

⑤ 【beat】「試合に勝つ」は win a game ですが，人に勝つ場合は beat を使います。過去形も beat です。

⑥ 【good guitarist】「彼女は上手にギターをひく」。guitarist は「ギターをひく人」です。well（上手に）と good（上手な）の言い換えに注意。

⑦ 【childhood】「子供時代の友人→幼なじみ」です。

日本人が手こずる英会話の大事なポイント②

●次の各問いに答えてください。

① My dream (　)(　) become a graphic designer. の空所に入る語は？

② I don't like this tie. Show me (　), please. の空所に入る，a で始まる語は？

③ It's been ten years (　) we moved here. の空所に入る語は？

④ This is the most exciting movie I've (　) seen. の空所に入る語は？

⑤ His speech was (　) boring that I fell asleep. の空所に入る語は？

⑥ This computer is not mine but (　). の空所に入る語は，she, her, hers, her's のうちのどれ？

⑦ I'm sure he will win the prize. ＝ He is sure (　)(　) the prize. の空所に入る語は？

① 【is to】「私の夢はグラフィックデザイナーになることです」となります。

② 【another】「このネクタイは気に入らない。別のを見せてください」。すでに触れたように，another は「(どれか) 別の1つ」の意味です。

③ 【since】「私たちがここに引っ越してきて以来10年になる」という意味。

④ 【ever】「これは私が今までに見た一番面白い映画だ」の意味です。

⑤ 【so】「彼のスピーチはとても退屈だったので，私は居眠りした」。so 〜 that ... で「とても〜なので…」の意味。

⑥ 【hers】「このパソコンは私のではなく彼女のです」。hers（彼女のもの）＝ her computer です。

⑦ 【to win】「私は彼が賞を取ることを確信している＝彼はきっと賞を取るだろう」。be sure to 〜は「必ず〜するだろう」の意味です。

どんな状況での一言かわかりますか？①

●次の各問いに答えてください。

① It'll be hotter this summer than ( ) ( ) last summer. の空所に入る語は？

② I lost my umbrella, so I have to buy ( ). の空所に入る代名詞は？

③ ( ) having more than twenty interviews, I finally got a new job. の空所に1語を入れて、意味の通る文を完成してください。

④ He seldom smiles. = He hardly ( ) smiles. の空所に入る語は？

⑤ How much do you (weigh / weight)? の ( ) 内から正しい方を選んでください。

⑥ You can see the star with the naked eye. = The star is ( ) with the naked eye. の空所に入る語は？

⑦ For example? = ( ) what? の空所に入る語は？

1 【it was】「今年の夏は去年の夏よりも暑くなりそうだ」。it was は省略することもできます。

2 【one】「私は傘をなくしたので、1本買わなければならない」。one = an umbrella です。it だとなくした傘を買うことになってしまいます。

3 【After】「20回以上の面接を受けた後、ついに私は新しい仕事を得た」となります。

4 【ever】「彼はめったに笑わない」。never = not + ever で、この not を hardly に置き換えると「ほとんど（めったに）〜しない」となります。

5 【weigh】「あなたの体重はどのくらいですか」。weight は「重さ、体重」（名詞）、weigh は「〜の重さがある」（動詞）で、way（道）と同じ発音です。

6 【visible】「その星は肉眼で見える [見ることができる]」。「見えない」は invisible です。

7 【Like】「たとえば？」の意味。Such as? とも言います。

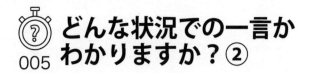

どんな状況での一言かわかりますか？②

●次の各問いに答えてください。

① ( ) all the questions the last one was the most difficult. の空所に入る前置詞は？

② The job interview laid a heavy ( ) upon her. の空所に入る語は？
① straight　② strain　③ stain　④ stroke

③ I came here ( ) business. の空所に入る前置詞は？

④ Never mind. = ( ) it. の空所に入る語は？

⑤ I'll ask her ( ) she is free on Friday evening. の空所に入る語は，if, that, what, when のうちのどれ？

⑥ I can't believe that. = That's ( ). の空所に入る語は？

⑦ "How were the results of the exam?" "( ) good." の空所に入る，Pで始まる語は？

① 【Of】「すべての問いのうちで最後のが一番難しかった」。〈最上級＋of〜〉(〜のうちで最も…) の of 以下を前に出した形。

② 【②】「就職面接は彼女に強い緊張 (strain) を与えた」。straight は「まっすぐな」, stain は「しみ」, stroke は「一撃, 発作」。

③ 【on】「私は仕事でここに来た」ということ。on business で「商用で」という意味になります。

④ 【Forget】「気にするな＝(それを) 忘れなさい」となります。

⑤ 【if】「金曜日の晩は空いているかどうか彼女に尋ねてみます」。if は「〜かどうか」の意味。

⑥ 【unbelievable】 unbelievable は「信じられない」という意味の形容詞。

⑦ 【Pretty】「試験の結果はどうだった？」「かなりよかったよ」。pretty はくだけた会話では「かなり」の意味で使います。

006 知っているだけで スッキリするひと言①

●次の各問いに答えてください。

① "(　) did you come here?" "I took a taxi." の空所に入る語は？

② 「ここはどこですか？＝ Where(　)(　)?」の空所に入る語は？

③ "Who checked the list?" "I (　)." の空所に入る語は？

④ 「前金でお願いします＝ You need to pay (　) advance.」の空所に入る前置詞は？

⑤ "Where is that file?" "I have no (　)." の空所に入る語は？

⑥ 「預金口座を開きたいのですが＝ I'd like to open an (　).」の空所に入る語は？

⑦ He's (　) about snowboarding. の空所に入れたとき，文の意味が他と異なる語は？
① crazy　② nuts　③ curious　④ enthusiastic

⑧ She is her father's little (p　　). (彼女は箱入り娘だ) の空所に与えられた文字で始まる適切な語を入れてください。

222

① 【How】「どうやってここに来ましたか」「タクシーを使いました」。how は「どんな方法で」の意味で使います。

② 【am I】「私はどこにいますか」と表現します。Where is here? が誤りなのは、〈Here is 〜 .〉だと「ここに〜があります」の意味になるからです。

③ 【did】「誰がリストをチェックしたのですか」「私です」という会話です。

④ 【in】 in advance で「前もって」という意味になります。beforehand という言い方もあります。また advance order とは「予約注文」のことです。

⑤ 【idea】「あのファイルはどこにあるの?」「全然知らないよ」。have no idea は「全く知らない[わからない]」の意味。haven't the least[slightest, faintest] idea という強調形もあります。

⑥ 【account】「預金口座」は account。「預金する」は deposit,「引き出す」は withdraw または draw で表します。

⑦ 【③】「〜に夢中だ」の意味を表す表現は〈be crazy[nuts, enthusiastic] about 〜〉などたくさんあります。〈be curious about 〜〉は「〜を知りたがっている」の意味です。

⑧ 【princess】「彼女は父親の小さな王女さまだ」という表現。子どもに甘い親は indulgent parent と言います。

007 知っているだけでスッキリするひと言②

●次の各問いに答えてください。

① 「Drink moderately. =（　）your drinking.」の空所に入る語は？

② Will you pay（　）cash or by check? の空所に入る前置詞は？

③ His illness was a fake. = He（　）sick. の空所に入る語は？

④ "What are you going to do tonight?" "Nothing（　）particular." の空所に入る前置詞は？

⑤ I was sad to hear the news. = The news（　）me sad. の空所に入る語は？

⑥ The population of Osaka is larger than（　）of Kobe. の空所に入る語は？

⑦ Not all the members agreed. =（　）members didn't agree. の空所に入る語は？

⑧ We are (e　　) now.（これで貸し借りなしだ）の空所に与えられた文字で始まる適切な語を入れてください。

① 【Watch】「お酒はほどほどにね。」の意味。moderately は「適度に」。watch は「〜に注意する」です。

② 【in】「現金と小切手のどちらでお支払いになりますか」。「現金で」は in cash と言います。

③ 【played】「彼の病気は偽りだった＝彼は仮病を使った」とします。play sick で「病気のふりをする」の意味です。

④ 【in】「今夜何か予定があるの？」「特に何もないよ」。Nothing special. とも言います。

⑤ 【made】「私はその知らせを聞いて悲しかった＝その知らせは私を悲しくさせた」となります。

⑥ 【that】「大阪の人口は神戸の人口よりも多い」。the population のくり返しを避けるために that（それ）を使います。

⑦ 【Some】「全部のメンバーが賛成したわけではない＝一部のメンバーは賛成しなかった」となります。

⑧ 【even】even は「平らな」から転じて「対等な，貸し借りがない」という意味でも使います。偶数を even number と言うのは，2で割ると対等な［同じ］数になるからです。前述のとおり odd には「余りの，余分の」という意味があり，2で割ると余りが出る数字を odd number（奇数）と言います。

正しい「会話の続け方」をご存知ですか

008

●次の各問いに答えてください。

[1] "I seldom drink whisky." "(　) do I." は「私はめったにウイスキーを飲みません」「私もそうです」という会話です。空所に入る語は？

[2] "Will the team win the championship?" "No (　)." の空所に1語を入れて，It's impossible. の意味にしてください。

[3] I have no money. ＝ I (　) have (　) money. の空所に入る語は？

[4] "Will the bus come on time?" "(　)(　)(　)." は「バスは時間通り来るだろうか」「来ないんじゃないかな」という会話です。空所に入る語は？

[5] "I can use this software." "(　) can I." は「私はこのソフトを使えます」「私もです」という会話です。空所に入る語は？

[6] "(　) is the capital of Italy?" "It's Rome." は「イタリアの首都はどこですか」「ローマです」の会話です。空所に入る語は？

[7] I can't thank you (e　　). (何とお礼を申し上げてよいのかわかりません) の空所に与えられた文字で始まる適切な語を入れてください。

① 【Neither】相手の言葉に相づちを打って「私もまたそうです」と言う場合，肯定文なら〈So + V + S.〉，否定文なら〈Neither + V + S.〉となります。seldom（めったに〜ない）を含む文は否定文とみなし，後者の形を使います。

② 【way】No way. は「だめ」「ありえない」の意味で，相手の言ったことを強く否定する表現です。

③ 【don't, any】「私はお金を全然持っていない」。no = not + any です。

④ 【I'm afraid not】〈I'm afraid 〜〉は好ましくないことを言う場合に使い，I'm afraid (it will) not (come on time). のカッコ内を省略することができます（189 頁参照）。

⑤ 【So】すでに触れたように肯定文に対して「S もまたそうだ」と言うときは，〈So + V + S.〉の形を使います。

⑥ 【What】Rome は名詞なので，What（疑問代名詞）を使って尋ねます。Where（疑問副詞）は使えません。

⑦ 【enough】「私はあなたに十分感謝することができない」が直訳です（199 頁参照）。

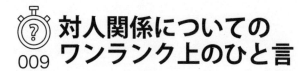

対人関係についての ワンランク上のひと言

●次の各問いに答えてください。

① 引っ越して行く友人にかける言葉です。「君がいなくなると寂しくなるよ＝ I'll ( ) you.」の空所に入る語は？

② 「ぼくに風邪をうつさないでくれよ＝ Don't ( ) me your cold.」の空所に入る語は？

③ 「お話し中失礼します＝ I'm sorry to ( ) you.」の空所に入る語は，interfere, interrupt, obstruct, trouble のどれ？

④ 「他人の問題に干渉しない方がいい＝ You shouldn't ( ) in other people's affairs.」の空所に入る語は？

⑤ 「ご要望には応じられません＝ I can't ( ) your request.」の空所に入る語は，apply, help, meet, stand のうちのどれ？

⑥ 「彼の考えに賛成ですか，反対ですか＝ Are you ( ) or ( ) his idea?」の空所に入る語は？

⑦ He is (b   ). （彼はドライな人だ）の空所に与えられた文字で始まる適切な語を入れてください。

① 【miss】miss は「〜が（い）なくて寂しく思う［困る］」の意味。miss には「逃す」の意味もあり，miss a chance（好機を逃す），miss a train（電車に乗り遅れる）のように使います。

② 【give】「君の風邪をぼくに与えるな」と言えばＯＫです。「君の風邪がうつったよ」は，I('ve) got your cold. と表現できます。

③ 【interrupt】interrupt は「妨げる→話の腰を折る」。interfere や obstruct は，この意味では使いません。trouble を入れると「ご迷惑をおかけしてすみません」の意味になります。

④ 【interfere】「〜に干渉する」は interfere in と言います。intercept は「途中で捕らえる」の意味です。

⑤ 【meet】meet には「〜に応じる」の意味があります。meet the deadline は「締め切りに間に合う」です。

⑥ 【for, against】「〜に賛成だ」は in favor of 〜とも言います。「その案に賛成です」は I'm in favor of the plan.，「その案に反対です」は I'm against the plan. です。

⑦ 【businesslike】businesslike は「現実［実利］的な」。He is dry. だと「彼はのどが乾いている」と誤解されます。「ウェットだ」は sentimental（情にもろい）で表現できます。

010 自分のことをどこまで英語で話せますか①

●次の各問いに答えてください。

① 「私は ABC 社の者です＝ I'm ( ) ABC Company.」に入る前置詞は？

② 「ぼくは恋人募集中だよ＝ I'm ( ).」の空所に入る語は？
　① fresh　② vacant　③ loose　④ available

③ 「私は誰からも指図されたくない＝ I want to be my own ( ).」の空所に入る語は？

④ 「堅実な会社に勤めたい＝ I want to work for a ( ) company.」の空所に入る，s で始まる語は？

⑤ 「私は 20 代で結婚したい＝ I want to get married ( ) my ( ).」の空所に入る語は？

⑥ 「今，ダイエット中なの＝ I'm ( ) a diet now.」の空所に入る語は？

⑦ Bringing up my children is my (r　　) for living.（子育てが私の生きがいです）の空所に与えられた文字で始まる適切な語を入れてください。

① 【from】from は「〜出身の, 〜に帰属する」の意味。

② 【④】fresh（新鮮な）・vacant（からっぽの）・loose（結びつけていない）も入りそうですが, 正解は available（利用できる→決まった交際相手がいない）。

③ 【boss】直訳は「私は自分自身の上司になりたい」。You're the boss.（君が上司だ→言われたとおりにするよ）という言い方もあります。

④ 【stabe [solid]】stabe は「安定した」。solid は「固体（の）」ですが,「堅固な, 堅実な」という意味でも使います。

⑤ 【in, twenties】in one's twenties で「20代のとき」の意味。in は幅のある時や場所を表します。

⑥ 【on】be on a diet で「ダイエットしている」, go on a diet なら「ダイエットする」です。同様に, be[go] on a strike は「ストライキ中だ[をする]」の意味を表します。

⑦ 【reason】「生きがい」は「生きるための理由（reason）」と表現できます。

011 自分のことをどこまで英語で話せますか②

●次の各問いに答えてください。

① 「私はタバコの煙に弱い＝I'm (　) to cigarette smoke.」の空所に入る語は？

② 「ぼくの初恋は結局実らなかった＝My first love wasn't (　) after all.」の空所に入る語は？

③ 「私は夜警のアルバイトをしている＝I work part-time (　) a night watchman.」の空所に入る語は？

④ 「彼女にふられたよ＝I was (　) by my girlfriend.」の空所に入る語は？

⑤ 「私の息子は早稲田大学の学生です＝My son is a student (　) Waseda University.」の空所に入る語は？

⑥ 「私は旅行代理店に勤めています＝I work at a travel (　).の空所に入る語は？

⑦ 「体に気をつけてね＝Take care of (　).」の空所に入る語は？

1 【sensitive】ここでは「弱い」とは「敏感だ」ということ。〈be sensitive to ～〉で「～に敏感だ」の意味を表します。tobacco はタバコの葉を刻んだものを言い，それを紙で巻くと cigarette（日本で普通に売られているタバコ）になります。cigar は「葉巻」です。タバコの吸い殻は cigarette butt [stub]。

2 【returned】return には「返礼する，報いる」の意味があります。requited でも正解です。

3 【as】work part-time as ～は「～として非常勤で働く」の意味。

4 【dumped】jilted・ditched・deserted なども正解です。dump は，「〈ごみなどを〉どさっと投げ落とす」のほか，「〈人との〉付き合いをやめる」の意味でも使います。人と人との相性を chemistry（化学反応）と言うのも覚えておきましょう。

5 【at】of も使えますが，at の方が普通です。at は「活動の場」を表します。たとえば「英語の教師」は a teacher of English，「その高校の教師」は a teacher at the high school と言います。

6 【agency】agency は「代理店」，agent は「代理人 [店]」です。agent は公共機関の職員や特務機関員の意味でも使い，「FBI のエージェント（FBI agent）」のようにも言います。

7 【yourself】英語では body は使わず，「自分自身に注意しなさい」と表現します。

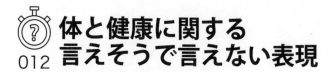012 体と健康に関する言えそうで言えない表現

●次の各問いに答えてください。

① 「背中がかゆい＝ My (　) itches.」の空所に入る語は？

② 「私は国民健康保険に入っている＝I have (　)(　)(　).」の空所に入る語は？

③ 「足首を捻挫した＝ I (　) my ankle.」の空所に入る語は？

④ 「今日はひどい二日酔いだ＝ I've got a terrible (　) today.」の空所に入る語は？

⑤ 「ぼくはゴルフで健康を保っているんだ＝I keep (　) by playing golf.」の空所に入る語は？

⑥ 「胃がむかむかする。＝I feel (　) in the stomach.」の空所に入る語は？

⑦ 「頭にたんこぶができた＝ I got a (　) on my head.」の空所に入る語は？

1. 【back】背中は back で表します。「腰が痛い」は，英語では I have a pain in my low back.（背中の下部が痛い）と表現します。back は「裏」や「奥」の意味でも使い，「封筒の裏」は the back of an envelope（表は face），「裏庭」は backyard，「廊下の奥に」は at the back of the hall と言います。

2. 【national health insurance】national は「国民の，国立の」，insurance は「保険」。生命保険は life insurance です。

3. 【sprained】「くじく，捻挫する」は，sprain または twist（ひねる）で表します。I sprained my finger. は「突き指した」。I broke my leg. は「足を骨折した」の意味です。

4. 【hangover】「二日酔いだ」は have (got) a hangover と言います。I'm hung over. とも言います。

5. 【fit】fit には「適している」のほか「健康な (healthy)」の意味があります。その名詞形が fitness（健康）です。

6. 【sick】sick は「気分が悪い，吐き気がする」の意味で使います。「胃の具合が悪い」は I have an upset stomach. とも言います。

7. 【bump】「たんこぶ」は bump または lump と言います。道路などのこぶ（隆起した部分）も bump で，動詞としては「衝突する」の意味で使います。車のバンパー（bumper）は「緩衝装置」です。すでに触れましたが lump には「塊」の意味もあり，角砂糖 1 個は a lump of sugar と言います。

013 「食べ物」をめぐる、なるほど上手い言い方①

●次の各問いに答えてください。

① 「ケーキを8つに切ってよ＝ Cut the cake (　) eight pieces.」の空所に入る語は？

....

② 「このアイスクリームは300キロカロリーです＝ This ice cream (　) 300 kilocalories.」の空所に入る語は？

....

③ 「イチゴ狩りに行こうよ＝ Let's go strawberry (　).」の空所に入る語は？

....

④ 「夕食を作るのに1時間かかった＝ (　)(　) me an hour to cook dinner.」の空所に入る語は？

....

⑤ 「デザートは別腹よ＝ I always have (　) for dessert. の空所に入る，rで始まる語は？

....

⑥ 「このスープはまずい＝ This soup (　) bad.」の空所に入る語は？

....

⑦ 「このコップにはひびが入っている＝ This glass is (　).」の空所に入る語は？

1. 【into】into の後ろには〈変化の結果〉を置きます（「ケーキを切った結果、8切れに変化する」という意味）。たとえば「円をドルに両替する」は exchage yen into dollars と言います。

2. 【has】〈A is B.〉の形は、「A＝B」の関係を表します。「アイスクリーム」と「カロリー」とはイコールの関係ではありません。「このアイスクリームは 300 キロカロリーを持っている」と表現しましょう。

3. 【picking】pick は「（草花を）摘む」の意味で使います。hunt は「（動物を）狩る」の意味で使うことが多く、catch は「つかまえる」の意味です。「マツタケ狩り」は mushroom gathering[picking]、「潮干狩り」は shellfish gathering、「ホタル狩り」は firefly catching と言います。

4. 【It took】〈It takes(＋人)＋時間 to ～〉で「～するのに（人は）…の時間がかかる」という意味。

5. 【room】room には「余地」の意味があり、a をつけずに使います。room for improvement と言えば「改善の余地」です。

6. 【tastes】taste は「～の味がする」という意味の動詞として使います。is を入れると「腐っている」と誤解されます。

7. 【cracked】「ひび（が入る）」は crack または chip と言います。crack は「パン」「パチン」のような鋭い音や「割る、砕く」の意味にも使われ、cracker（クラッカー）、firecracker（爆竹）、nutcracker（クルミ割り器）などの語を作ります。

014 「食べ物」をめぐる、なるほど上手い言い方②

●次の各問いに答えてください。

① 「夏は冷たいビールに限るね＝ Nothing (　) cold beer in summer.」の空所に入る語は？

② 「これらの野菜は産地直送です。＝ These vegetables are (　) from the farm.」の空所に入る語は？

③ 「朝食を抜いてはいけません＝ Don't (　) breakfast.」の空所に入る語は？

④ 「コーヒーは薄いのが好きです＝ I prefer my coffee (　).」の空所に入る語は？

⑤ 「こんなふうにナイフを使いなさい＝ Use the knife (　) this.」の空所に入る語は？

⑥ 「この皿はガラス製です＝ This plate is made (　) glass.の空所に入る前置詞は？

⑦ I grow vegetables in my (k　) garden.（家庭菜園で野菜を育てています）の空所に与えられた文字で始まる適切な語を入れてください。

① 【beats】beat は「〜を打ち負かす」。Nothing is like cold beer in summer. とも表現できます。

② 【fresh】fresh from 〜は「〜から来たばかりの」の意味。この文では direct も使えます。Farm Fresh!（産地直送）という表示は売り場でも見かけます。She is fresh from college. は「彼女は新卒［大学を出たばかり］だ」。

③ 【skip】skip は「〈普段していることを〉省く」の意味。I'll skip the desert. は「デザートはいりません」, skip school[work] は「学校[仕事]をさぼる」の意味です。

④ 【weak】前述したように, お茶やコーヒーが「濃い」は strong,「薄い」は weak で表します。一方, thick（濃い）・thin（薄い）は, 物の厚さや密度などを表すのに使います。たとえば「厚い板」は thick board,「濃い霧」は thick fog ですが,「濃い［薄い］色」は deep [light] color です。

⑤ 【like】like this で「このように」。like は「〜のような, 〜に似ている」の意味の前置詞です。

⑥ 【of】be made of 〜で「〜で作られている」の意味。

⑦ 【kitchen】kitchen garden は「台所の庭→家庭菜園」です。

車で、電車で…確実に使いこなしたい英語①

015

●次の各問いに答えてください。

1. 「新宿で乗り換えます＝ I'll change (　) at Shinjuku.」の空所に入るのは，train, trains, a train, the train のうちのどれ？

2. 「このバスはよく揺れる。手すりにつかまりなさい＝ This bus sways a lot. (　) on to a strap.」の空所に入る語は？

3. 「あの道路は工事中だ＝ That road is (　) repair.」の空所に入る前置詞は？

4. 「私はスピード違反で罰金を払った＝ I paid a (　) for speeding.」の空所に入る，fで始まる語は？

5. 「この車からは排気ガスが出ない＝ This car is free from (　).」の空所に入る語は？

6. 「交通が渋滞［ストップ］している＝ Traffic is (　) up.」の空所に入る，tで始まる語は？

① 【trains】乗り換えるには 2 つの電車が必要なので，change trains と表現します。

② 【Hold】文の意味は「このバスはよく揺れる。手すりにつかまりなさい」。hold は「つかむ」。〈hold on to 〜〉で「〜につかまる，しがみつく」という意味です。

③ 【under】under は「〜中だ」の意味。under discussion は「議論されているところだ」。

④ 【fine】fine には「罰金（を科す）」の意味があります。

⑤ 【emission】emission は emit（排出する）の名詞形で，「排出，排気ガス」の意味。exhaust fumes[gas] とも言います。exhaust は「使い果たす」「疲れ果てさせる」の意味でも使い，I'm exhausted. は「へとへとに疲れた」ということです。

⑥ 【tied】tie up は「動けなくする」。tied の代わりに held, backed も使えます。

016 車で、電車で…確実に使いこなしたい英語②

●次の各問いに答えてください。

① 「スピード違反の取締り[ねずみ捕り]につかまっちゃった＝I was caught in a speed (　).」の空所に入る語は？

② 「彼の車はイタリア製だ＝His car (　) made in Italy.」の空所に入る語は？

③ 「3分違いでバスに乗り遅れた＝I missed the bus (　) three minutes.」の空所に入る語は？

④ 「ここが市内で一番交通の激しい通りです＝(　) is the busiest street in the city.」の空所に入る語は？

⑤ 「電車の中に傘を忘れて来てしまった＝I've (　) my umbrella in the train.」の空所に入る語は？

① 【trap】trap は「わな」。動詞の trap は「(わなで) 捕らえる」「だます」などの意味で、The ship was trapped in the ice.（船は氷に閉じ込められた）のようにも使います。

② 【was】is を入れると「彼の車は（いつも）イタリアで作られる」という不自然な意味になります。

③ 【by】by は「～の差で」の意味。He is older than I am by two years.（彼は私より2歳年上だ）などの by と同じ用法です。

④ 【This】〈Here is ～〉は「ここに～がある」という意味を表します。「これ（This）が一番交通の激しい通りです」と表現しましょう。

⑤ 【left】I've forgotten my umbrella.（傘を忘れてきた）と言うことはできますが、場所を表す語句を伴うときは forget は使えません。leave（置いて行く）の過去分詞 left が正解です。

誰も教えてくれない暮らしの英語フレーズ①

017

● 次の各問いに答えてください。

① 「名前はアルファベット順に並んでいます＝ The names are arranged in alphabetical (　).」の空所に入る語は？

② 「私は毎朝犬を散歩に連れて行きます＝ I (　) (　) (　) every morning.」の空所に入る語は？

③ 「この絵はだれの作品ですか＝ Who is this picture (　)?」の空所に入る語は？

④ 「台風は本州に上陸しそうだ＝ The typhoon is likely to (　) Honshu.」の空所に入る語は？

⑤ 「その歌手の CD は飛ぶように売れている＝ The singer's CDs sell like (　) (　).」の空所に入る語は？

⑥ 「その本を 2 冊注文しなさい＝ Order two (　) of the book.」の空所に入る語は？

⑦ 「足がしびれちゃった＝ My legs fell (　).」の空所に入る語は？

① 【order】order は「注文（する）」「命令（する）」の意味ですが，「順序」の意味でも使います。「年代［日付］順に」は in chronological order，「順不同に」は in random order です（73頁参照）。また，「秩序」の意味もあります。

② 【walk my dog】take my dog for a walk とも表現できますが，walk は「〈動物を〉歩かせる」の意味の他動詞として使えます。

③ 【by】Who is this picture painted by? という文から，慣用的に painted が省略された形です。なお，of を入れると「この絵の中には誰が描かれていますか」の意味になります。

④ 【hit［strike］】「（災害が）～を襲う」は，hit または strike で表します。attack は「（敵を）攻撃する」，land は「着陸する，上陸させる」の意味です。

⑤ 【hot cakes】〈sell like hot cakes〉は「飛ぶように売れる」の意味を表す口語表現です。

⑥ 【copies】copy は印刷されたものの1部を表すときに使います。

⑦ 【asleep】asleep は「眠っている→活動を休止している→（手足が）無感覚になっている」という意味になります。ちなみに「足がつった」は I got a cramp in my leg.，「手が（寒さで）かじかんでいる」は My hands are paralyzed with cold. と言います。

3 これこそ英語の表現力がアップする"勘どころ"

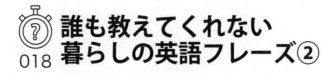

誰も教えてくれない暮らしの英語フレーズ②

018

●次の各問いに答えてください。

① 「君の考えは甘すぎる＝ You are too (　).」の空所に入る語は？

② 「アルカリ電池の方が長持ちします＝ Alkaline batteries (　) longer.」の空所に入る語は？

③ 「だまされたと思ってこの薬を飲んでごらん＝ Just (　) me and take this medicine.」の空所に入る，t で始まる語は？

④ 「水が出しっぱなしだよ＝ The water is (　).」の空所に入る語は？

⑤ 「彼は口がうまい＝ He's a (　)talker.」の空所に入る語は？

⑥ 「コートはフロントで預かってくれますよ＝ You can (　) your coat at the front desk.」の空所に入る語は？

⑦ 「エアコンが動いてないよ＝ The air-conditioner isn't (　).」の空所に入るのは，going，moving，working のうちのどれ？

① 【optimistic】「君は楽観的すぎる」と言い換えましょう。反意語は pessimistic（悲観的な）です。

② 【last】動詞の last は「続く，長持ちする」の意味で使います。食べ物が「持つ[日持ちがする]」は keep で表します。

③ 【trust】「試しに私を信頼して〜」と言い換えます。Take my word (for it).（私の言葉を信じなさい）という言い方も覚えておきましょう。

④ 【running】この run は「流れる」の意味。「水を出しっぱなしにするな」は Don't leave the water running. と表現できます。

⑤ 【smooth】smooth は「滑らかな」。good[poor] talker（話のうまい[へたな]人），fast talker（早口の人），nonstop talker（止めどなく話す人）なども覚えておきましょう。

⑥ 【check[leave]】check にはさまざまな意味があり，「〈荷物を〉預ける」の意味でも使えます。

⑦ 【working】work は「（正常に）作動する」の意味で使います。また，This room is air-conditioned.（この部屋はエアコン[冷房]が入っている）のような言い方もできます。

019 誰も教えてくれない暮らしの英語フレーズ③

●次の各問いに答えてください。

① 「彼は根っからの阪神ファンだ＝ He is a (　) Tigers fan.」の空所に入る，d で始まる語は？

....

② 「くじが当たった＝ The (　) fell on me.」の空所に入る語は？

....

③ 「雨が降るといけないので傘を持っていきなさい＝ Take your umbrella with you (　)(　) it rains.」の空所に入る語は？

....

④ 「ファイターズが絶対優勝だよ＝ I'll (　) the Fighters will win the championship.」の空所に入る語は？

....

⑤ 「今回は私がお金を払う番です＝ It's my (　) to pay.」の空所に入る語は？

....

⑥ お母さんが散らかった部屋を見て，What a (　)! と言いました。空所に入る，m で始まる語は？

....

⑦ The party is gradually (w　　) up.（パーティーはだんだん盛り上がってきた）の空所に与えられた文字で始まる適切な語を入れてください。

1 【die-hard】die-hard fan は「筋金入りのファン」。die hard は「なかなか死なない［消えない］」の意味で，Old habits die hard.（古い習慣はなかなか直らない）のように言います。hard-core fan という言い方もあります。

2 【lot】「くじ」は lot，「くじを引く」は draw a lot です。lot には多くの意味があり，「（商品の）一口，一山」も lot です。日本語でも「ロットで仕入れる」などと言いますね。「用地」の意味もあり，駐車場は parking lot，空き地は vacant lot です。宝くじは lottery と言います。

3 【in case】in case は「〜するといけないので」という意味の接続詞として使います。

4 【bet】bet は「賭ける」の意味の動詞。I'll bet (that) 〜 で「きっと〜するに違いない」の意味になります。I'll bet 1,000 yen that she will come.（彼女が来る方に千円賭けるよ）のような言い方もできます。

5 【turn】It's my turn. は「今度は私の番だ」の意味を表すフレーズ。It's your turn. なら「今度は君の番だ」の意味。

6 【mess】mess は「散らかった状態」。「部屋はひどく散らかっている」は The room is terrible mess. 。

7 【warming】warm up で「温まる→盛り上がる，調子が出てくる」の意味です。

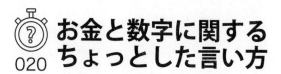 お金と数字に関するちょっとした言い方

◉次の各問いに答えてください。

① 「彼は使いきれないほどの金を手に入れた＝ He got (　) money (　) he could spend.」の空所に入る語は？

② 「会社の経費で落とします＝ It's (　) the company.」の空所に入る語は？

③ 「3の3乗は27である＝ The third (　) of 3 is 27.」の空所に入る語は？

④ 「16の平方根は4です＝ The (　) root of 16 is 4.」の空所に入る語は？

⑤ 「彼の収入は私の2倍だ＝ He earns (　)(　) much as I do.」の空所に入る語は？

⑥ 「3 (　) 5 is 15. ＝ 3×5は15です」の空所に入る語は？

⑦ 「この切符はただで手に入れた＝ I got this ticket (　) nothing.」の空所に入る前置詞は？

① 【more, than】直訳は「彼は使うことができるより多くの金を手に入れた」です。

② 【on】Lunch is on me. なら「昼食は私が支払います」。また It's on the house. は「支払いは店が持ちます→無料です」の意味です。

③ 【power】この power は「累乗」の意味ですが、そのほかさまざまな力を power と言います。たとえば「レンズの倍率」は the power of a lens,「停電」は power cut,「権力者同士の駆け引き」は power game です。

④ 【square】square は「平方」。「10 平方メートル」は ten square meters です。

⑤ 【twice as】twice as 〜 as ... で「…の2倍〜」という意味になります。「3倍」は three times です。

⑥ 【times】「3倍の5 = 15」と表現します。3 multiplied by 5 is 15. という言い方もあります。「15 ÷ 5 = 3」を英語で言うと、15 divided by 5 is 3. です。

⑦ 【for】for は「〜の対価で」の意味。「無料で」は (for) free, free of charge とも言います。

021 「できる大人」がおさえている英会話の心得①

●次の各問いに答えてください。

① 「親はみんなわが子に幸福に暮らしてほしいと願う＝ Every parent hopes that (　) children live happily.」の空所に入る語は？

② 「彼女は年の割に若く見える＝ She looks young (　) her age.」の空所に入る前置詞は？

③ 「図書館でリサを見かけたよ＝ I (　) Lisa at the library.」の空所に入る語は？

④ 「あの犬はぼくの犬にそっくりだ＝ That dog looks (　) like mine.」の空所に入る語は？

⑤ 「私たちはこわくなって逃げ出した＝ We got (　) and ran away.」の空所に入る，s で始まる語は？

⑥ 「アルファベットは 26 文字です＝ There are 26 (　) in the alphabet.」の空所に入る語は？

1 【their】学校では「every は単数扱いで，代名詞は he で受ける」と習うことがありますが，親には男性も女性もいるので he or she で受けるのがベター。ただし，口語では they で受けるのが一般的です。

2 【for】for は「〜の割に」の意味で使います。It's cold for April. は「4月にしては寒い」です。

3 【saw】単に「見かけた」だけの場合は，see の過去形 saw を使います。I met Lisa は「リサと（約束して）面会した」，あるいは「リサと偶然会って会話を交わした」という場合に使います。

4 【just】「〜によく似ている」は，〈just like 〜〉が普通の言い方。very や much ではありません。

5 【scared】「恐れている」は afraid ですが，お化けなどが「こわい」は scared で表します。「こわい話」は a scary story と言います。

6 【letters】letter には「手紙」のほか「文字」の意味があります。four-letter word（4文字語）と言えば，人前で使ってはならない下品な語（たとえば shit や fuck）のこと。letter（文字）の派生語には，literal（文字通りの），literate（読み書きができる），literacy（読み書きの能力）などがあります。

「できる大人」がおさえている英会話の心得②

●次の各問いに答えてください。

① 「死ぬほど怖かった＝ I was scared （　） death.」の空所に入る語は？

② 「彼女は見栄っ張りだ＝ She likes to show （　）.」の空所に入る語は，off，out，up のうちのどれ？

③ 「君が怒るのももっともだ＝（　） wonder you're angry.」の空所に入る語は？

④ 「その学生は停学になった＝ The student was （　） from school.」の空所に入る，s で始まる語は？

⑤ 「彼は素手で魚をつかまえた＝ He caught a fish with his （　） hands.」の空所に入る語は？

⑥ 「カラオケを歌うのは楽しい＝ It's （　） to sing karaoke.」の空所に入るのは，fan，a fan，fun，a fun のうちのどれ？

⑦ The book is （　） out in a few days.（その本は近日中に出版されます）の空所に入る，c で始まる語は？。

① 【to】「怖くて死に至る」と考えて、到達点を表す to を使います。be starved to death（餓死する）などと同様です。

② 【off】show off は「見せびらかす」の意味です。

③ 【No】no wonder は「不思議ではない→もっともだ」の意味。(It is) no wonder (that) you're angry. の省略形です。

④ 【suspended】suspend の意味は「吊り下げる」「保留する」「一時停止する」など。expel は「追放する」で、空所に expelled を入れると「退学になった」という意味。「私は免停［免許取り消し］になった」は、I had my driving license suspended[canceled]. と表現できます。

⑤ 【bare】bare は「裸の、何もつけていない」、bear は「クマ、耐える」、beer は「ビール」、beard は「ひげ」。

⑥ 【fun】fun は「楽しみ」。数えられないので a はつけません。fan は「ファン、扇風機」。

⑦ 【coming】「出版［発表］される」は「出て来る」と考えて come out で表すことができます。The book is going to be published ... とも表現できます。

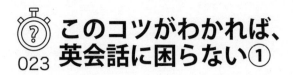

このコツがわかれば、英会話に困らない①

●次の各問いに答えてください。

①「にわか雨にあった＝I was (　) in a shower.」の空所に入る語は？

②「私は水曜日と日曜日が休みです＝I'm (　) on Wednesdays and Sundays.」の空所に入る語は？

③「もっと早く歯医者に行けばよかった＝I should (　)(　) a dentist earlier.」の空所に入る語は？

④「締め切りが目前に迫っている＝The deadline is just around the (　).」の空所に入る, cで始まる語は？

⑤「3時に顧客と約束がある＝I have an (　) with a client at 3.」の空所に入る語は？

⑥「子どもを甘やかせてはいけない＝Don't (　) your children.」の空所に入る, sで始まる語は？

① 【caught】be caught in ～で「～（事故など）にあう」の意味です。

② 【off】What days are you off? は「あなたは何曜日が休みですか？」という意味です。「1日休みを取る」は take a day off 。休暇は holiday または vacation ですが，「～休暇」は leave を使って sick leave（病気休暇），maternity leave（出産休暇）のように言います。

③ 【have seen】〈should have ＋過去分詞〉は「～すべきだったのに（そうしなかったのが残念だ），see a dentist は「歯医者にみてもらう」。

④ 【corner】(just) around the corner は「間近に迫っている」の意味です。cut corners は「手を抜く」，drive ～ into a corner は「～を窮地に追い込む」の意味になります。動詞の corner は「買い占める，独占する」の意味で，corner a market は「株を買い占める」こと。

⑤ 【appointment】面会の約束は appointment と言います。engagement も「約束」で，「婚約」の意味でも使います。婚約指輪を「エンゲージリング」と言いますが，正しい英語は engagement ring です。

⑥ 【spoil】spoil は「（甘やかせて）だめにする」の意味。Too many cooks spoil the broth. ということわざがあります。「料理人が多すぎるとスープ（broth）がまずくなる」という意味で，日本語の「船頭多くして船山に登る」に相当します。

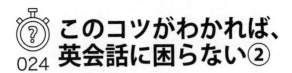このコツがわかれば、英会話に困らない②

●次の各問いに答えてください。

① 「ロープの端を握りなさい＝ Hold the (　) of the rope.」の空所に入る、e で始まる語は？

② 「風で窓がガタガタ鳴った＝ The window (　) in the wind.」の空所に入る、r で始まる語は？

③ 「トイレの水が流れない＝ I can't (　) the toilet.」の空所に入る、f で始まる語は？

④ 「最優秀賞は無名の画家が受賞した＝ The Grand Prix (　) to a nameless artist.」の空所に入る語は？

⑤ 「この本は私には理解できない＝ This book is (　) my head.」の空所に入る語は？

⑥ 「氷点下5度だ＝ It's 5 degrees (　) zero.」の空所に入る語は？

⑦ 「大雨が降った＝ We had a (　) rain.」の空所に入る語は？

① 【end】end は時間について使うと「終わり」ですが, 物について使うと「端」の意味になります。at the end of the street は「通りの外れに」です。また,「目的」の意味もあります。

② 【rattled】rattle は「ガタガタ」「ガラガラ」という音を表します。赤ん坊のおもちゃのガラガラも rattle で, それに似た音を出すヘビが rattlesnake(ガラガラヘビ)です。

③ 【flush】flush は「(水を)どっと流す」の意味で,「水洗トイレ」は a flush toilet と言います。カメラのフラッシュは flash で flush とは発音も違います。

④ 【went】「最優秀賞は無名の画家のところへ行った」と表現するのが英語流です。

⑤ 【above】above my head は「私の頭[理解力]を越えている」。above は「(数量などが)～を越えている」の意味で使います。above the average は「平均を越えている」, 1,000 meters above sea level は「海抜千メートル」です。

⑥ 【below】below は「～の下に」。「～度」に当たる単語は degree。図形などの角度も degree で表します。「程度」「(大学の)学位」の意味もあり, by degrees(徐々に), graduate degree(大学院の学位)のように使います。

⑦ 【heavy】「大雨」は heavy rain,「小雨」は light rain と言います。「にわか雨」は shower。heavy を使ったその他の表現には, heavy smoker[drinker](たばこをたくさんすう[酒をたくさん飲む]人), heavy traffic(激しい交通)などがあります。

025 このコツがわかれば、英会話に困らない③

●次の各問いに答えてください。

① 「その映画に感動した＝ I was ( ) by the film.」の空所に入る, m で始まる語は？

② 「スズメバチが私の腕を刺した＝ A wasp ( ) me on the arm.」の空所に入る, s で始まる語は？

③ 「コピー用紙を全部使い切っちゃったよ＝ I've used ( ) all the copy paper.」の空所に入る語は？

④ 学校で先生が言う「出席をとります」は　I'm going to call the ( ). と言います。空所に入る, r で始まる語は？

⑤ 「彼は最優秀の成績で卒業した＝ He graduated with highest ( ).」の空所に入る, h で始まる語は？

⑥ 「さらに詳しい情報は, 当社ホームページをごらんください＝ ( ) further information, please access our website.」の空所に入る前置詞は？

① 【moved】move は「心を動かす」の意味で使えます。そのほか，touch や impress（感銘を与える）などもよく使います。moving [touching] story は「感動的な話」です。また move には「引っ越す」の意味もあり，movers は引っ越し業者です。

② 【stung】スズメバチは wasp と言います。stung は sting（刺す）の過去形。ちなみに「ハエ」は fly，「蚊」は mosquito です。「蚊に腕をくわれた」は，bite（かむ）〈活用は bit-bitten〉を使って A mosquito bit me on the arm. あるいは I was bitten on the arm by a mosquito. と言います。

③ 【up】up は「完全に」の意味で，use up 〜（〜を使い果たす），eat up 〜（〜を食べ尽くす），dry up（干上がる）のように使います。

④ 【roll】call the roll で「出席を取る」，roll call は「点呼」，roll book は「出席簿」です。roll はもともと「巻いたもの」の意味で，ロールパンも roll です。

⑤ 【honors】honor は「名誉」で，大学などが与える「優等」の評価を honor と言います。「〜して光栄です」と言う場合にも使い，I have the honor of introducing our guest.（ゲストをご紹介いたします）のように使います。

⑥ 【For】for は「〜を求めて」の意味。for further information はまとめて覚えておくとよいでしょう。

《日本人が知らない英語のツボ5》

✦

英語の発音にはどんなルールがあるの？

アルファベットの26文字は，母音字（a・i・u・e・o）と子音字（その他の文字）とに分けられます。子音字はおおむね文字と発音が1対1で対応しており，たとえばpという文字は常に [p] と発音されます。一方，母音字には多くの読み方があります。たとえばc<u>a</u>tのaは [æ]，f<u>a</u>therのaは [ɑː]，<u>a</u>llのaは [ɔː] です。

では，これらの音は1つずつ覚えるしかないのでしょうか？そうではありません。つづり字と発音との間には一定の関係があり，たとえばaはlの前では [ɔː] と読むのが原則です。allのほかcall, fall, already などがそうですね。またwoは「ワ」，waは「ウォ」と読むのが原則で，<u>wor</u>m（虫）や<u>wor</u>k（働く）の下線部は [wəːr]（ワー），<u>war</u>（戦争）や<u>war</u>m（暖かい）の下線部は [wɔːr]（ウォー）です。このようなルールは知っておく必要があります。

個々の音については，日本語にないものを重点的に練習してください。たとえばgi<u>r</u>lの下線部 [əːr]（巻き舌で読む），pe<u>n</u>の [n]（舌を上あごにつける），kni<u>f</u>eの [f]（上の歯で下唇をかんですき間から音を出す）など。なお，息といっしょに声が出る音を有声音，息だけが出る音を無声音と言います。母音はすべて有声音。子音は有声音（[m][d][b] など）と無声音（[p][k][t] など）に分かれます。有声音の後ろのsという文字は [z] と濁って読むので注意してください。たとえばnew<u>s</u>, sale<u>s</u>man などの下線部は [z] です。日本語では「阪神タイガース」と言いますが，Tiger<u>s</u>のsも英語では [z] と読みます。

特集3

「たとえ」がうまくなると、英語力がグンと上がる！

比喩表現には，直喩と隠喩の2つのタイプがあります。「(まるで) 〜のような」という言葉を使う言い方が直喩，使わない言い方が隠喩。たとえば Life is like a journey.（人生は旅のようなものだ）は直喩，Life is a journey.（人生は旅だ）は隠喩です。
比喩表現をうまく使うと，相手に強い印象を与えることができます。ここでは，日常的な単語を使った比喩表現をまとめてみました。

動物を使った「たとえ」を マスターしよう

●人間を動物にたとえた表現

たとえば chicken は「臆病者」の比喩として使われます。日本語でも「チキン」を臆病者の意味で使いますね。そのほか，人間（の性格）を動物にたとえた表現には次のようなものがあります。

① **an early bird** (早起きする人)

The eary bird catches the worm.（早起きの鳥は虫を捕らえる→早起きは三文の得）ということわざがあります。

② **a dog's life** (みじめな生活)

犬はしばしばネガティブな比喩に使われます。たとえば dog eat dog は「食うか食われるかの［冷酷な］」，be going to the dogs は「(組織などが) 落ち目になっている」という意味です。

③ **a fish out of water** (陸に上がったカッパ［←水から出た魚］)

④ **a fox** (ずる賢い人，セクシーな美女)

a fox [wolf] in lamb's [sheep's] skin は「偽善者［←子羊の皮をかぶったキツネ〔オオカミ〕］」の意味。

⑤ **a hawk**（タカ派，強硬論者）←→ **a dove**（ハト派，平和主義者）

⑥ **a night owl**（夜更かしする人［←夜のフクロウ］）

owl は「アウル」と読みます。

⑦ **a parrot**（他人の受け売りをする人［←オウム］）

⑧ **a scapegoat**（身代わり，他人の罪を背負う人）

⑨ **a black sheep**（やっかい者）

⑩ **a lone wolf**（一匹狼，一人で行動する人）

●動物を使った比喩

crow's feet（カラスの足跡［目じりのしわ］）など，日本語と英語が対応している表現もたくさんあります。動物を使った英語特有の比喩をいくつか挙げてみましょう。

① **He works like a beaver.**（彼は〔ビーバーのように〕猛烈に働く）

I'm as busy as a bee.（私は〔ミツバチのように〕休む間もなく忙しい）という言い方もあります。「よく働く人」は a busy bee とも言います。

② **I have butterflies (in my stomach).**
（胸がどきどきする［落ち着かない］）

「胃の中に蝶がいる」という英語特有の表現。

③ **They fight like cats and dogs.** （彼らは犬猿の仲だ）

日本語では犬と猿ですが，英語では犬とネコで表します。

④ **There isn't enough room to swing a cat in my apartment** （僕のアパートはとても狭い）

「ネコを振り回すスペースもない」という比喩。cat を使ったその他の表現には，catcalls（野次），cat's concert（騒音），let the cat out of the bag（秘密を漏らす［←袋からネコを出す］），like a cat on hot bricks [tin roof]（そわそわして落ち着かない［←熱いレンガ［ブリキの屋根］の上のネコのように］）などがあります。

⑤ **I have a frog in the throat.** （しわがれ声になっている）

痰がからんだりしてしわがれ声になっている状態を，英語では「のどにカエルがいる」と表現します。

⑥ **He eats like a horse.** （彼は〔馬のように〕大食だ）

反対の意味を表す表現は，eat like a bird（鳥のように小食だ）。また drink like a fish は「がぶ飲みする」。

⑦ **Female hunters have multiplied like rabbits.** （女性のハンターが急増している）

日本語には「ネズミ算式に増える」という言い方がありますが，英語では「ウサギのように増える」と表現します。なお rabbit は

飼いウサギで，野ウサギは hare と言います。(as) mad as a March hare は「3月の（交尾期の）ウサギのように発狂して〔怒って〕いる」という意味の慣用表現。「不思議の国のアリス」に March Hare という頭のおかしいウサギが出てきます。

8 **The boy is as meek as a lamb.**
(その男の子は〔子羊のように〕おとなしい〔従順だ〕)

日本語の「借りてきたネコのようだ」はこのフレーズで表現できます。follow like sheep（〔羊のように〕従順に従う）という言い方もあります。

9 **The train was packed like sardines.** (電車はすし詰めだった)

「（缶詰の）イワシのように詰まっている」ということ。

10 **He was (as) proud as a peacock.**
(彼は〔クジャクのように〕大いばりだ)

クジャクが羽を広げた様子を「誇らしげだ」とたとえた言い方。swell like a turkey（七面鳥のように膨れる→尊大に振舞う）という表現もあります。

11 **a bull market** (強気〔上げ〕相場)

反意表現は a bear market（弱気〔下げ〕相場）。

12 **chicken feed** (はした金)

原義は「ニワトリのえさ」。

⑬ **crocodile tears**（そら涙，うそ泣き）

crocodile はワニ。ワニには alligator という種類もいます。

---

⑭ **as the crow flies**（直線［最短］距離で）

原義は「カラスが飛ぶとおりに」。

---

⑮ **eat crow**（屈辱に耐える）

原義は「カラスを食べる」。

---

⑯ **a white elephant**（無用の長物）

インドやタイなどでは白い象は神聖視され，飼育に莫大な費用がかかったことに由来する表現。また象は優れた記憶力を持つ動物とされ，have a memory like an elephant（〔象のように〕記憶力が非常によい）という言い方もあります。

---

⑰ **a fish story**（ほら話）

釣り人の自慢話のように大げさな話，ということ。fishy は「怪しい」という意味の形容詞です。

---

⑱ **kangaroo court**（つるし上げ，不公平な裁判）

一説には，カンガルーが跳びはねるように調子よく進む裁判という意味だと言われます。

---

⑲ **monkey business**（いんちき，悪ふざけ）

⑳ **Pigs might fly.** (雨でも降りそうだ [珍しい])

Pigs might fly if they had wings.（羽があれば豚でも飛ぶかもしれない）ということわざから来た表現。めったに起こらない［ありえない］ことを強調する言い方です。

㉑ **puppy [calf] love** (幼い恋)

puppy は子犬，calf は子牛。

㉒ **a rat race** (激しい競争，悪循環)

rat は（ドブ）ネズミ。ちなみにスピード違反の取締りのことを日本語では俗に「ネズミ捕り」と言いますが，英語でこれに当たるのは speed trap。rat trap は文字通り「ネズミ捕りのわな」の意味です。

㉓ **smell a rat** (不審に思う，うすうす気づく)

ネコがねずみの臭いをかぎ分けることにたとえた表現。

㉔ **a loan shark** (高利貸し，ヤミ金融業者)

英語のプロはこんなふうに「たとえ」を使う

●体の部分を使った比喩

1 **He has a green thumb.** (彼は園芸が上手だ)

have a green thumb は「親指が緑色だ→園芸[野菜作り]がうまい」という意味。逆に「園芸は下手だ」は have a brown thumb と言います。

2 **I'm living from hand to mouth.** (私はその日暮らしをしている)

3 **I missed the train by a hair.** (間一髪で電車に乗り遅れた)

by a hair's breadth とも言います。「髪の毛(の幅)ほどの差で」ということ。

4 **It was a slip of the tongue.** (失言[言い間違い]でした)

slip は「すべる→失敗」。「舌の失敗」と表現します。「記憶違い」は a slip of memory。次の言い方も覚えておきましょう。
・His name slipped my mind [memory]. (彼の名前をど忘れした)
・His name is on the tip of my tongue. (彼の名前は口先まで出かかっている〔が思い出せない〕)

⑤ I have a tin ear. （私は音痴です）

「ブリキの耳を持っている」という口語表現。「私は音痴だ」はI'm tone-deaf. とも言います。次のような関連表現も覚えておくとよいでしょう。

・I have no ear for music.（私は音楽を聞き分ける耳を持っていない→音痴だ）

・He has an eye for art.（彼は芸術を見る目［芸術の鑑賞力］がある）

・I have no sense of direction.（私は方向感覚がゼロだ）

・I'm a poor athlete.（私は運動神経が鈍い）

⑥ You're still wet behind the ears. （君もまだまだ青いね）

生まれたばかりの牛や馬の耳の裏が乾きにくいことから出た表現で「経験が足りない，青二才だ」という意味です。「経験豊富だ」は dry behind the ears と言います。

●色に関係する比喩

① Our household is in the black [red] this month.
（今月は家計が黒字［赤字］だ）

最近話題になっている「ブラック企業」は，英語のニュースなどでは a black company と言っています。ただ日本のことを知らない人は「黒人の企業」と誤解するかもしれないので，たとえば The company abuses its employees.（その会社は社員を酷使［虐待］する）などと言えば正しく伝わります。

② **baby blues**（産後のうつ症状）

日本語でも「ブルーな気分」と言いますが，blue には「憂うつな (gloomy)」の意味があります。たとえば「元気がないね」は You look blue. と言います。なお，blue blood は「貴族，名門の出」の意味です。

・・・・・・・・・・・・・・・・・・・・・・・・・・・・・・・・・・・

③ **a blue film**（ポルノ映画）

日本では「ピンク映画」とも言いますが，英語の pink には「左翼寄りの」「ゲイ［同性愛者］の」などの意味があるので, pink film と言えばこれらの意味に誤解されかねません。「ひわいな」の意味は blue で表します。

・・・・・・・・・・・・・・・・・・・・・・・・・・・・・・・・・・・

④ **It's a bolt from the blue.**（それは寝耳に水［晴天のへきれき］だ）

bolt は thunderbolt（稲妻）のこと。a bolt from [out of] the blue は前触れなく突然起こることのたとえです。

・・・・・・・・・・・・・・・・・・・・・・・・・・・・・・・・・・・

⑤ **He is green.**（彼は青二才［まぬけ］だ）

熟していない果物などからの連想で，green には「未熟な，だまされやすい」などの意味があります。世間知らずの人は greenhorn とも言います。また，the green eye は「嫉妬」の意味で使います。

・・・・・・・・・・・・・・・・・・・・・・・・・・・・・・・・・・・

⑥ **Let's paint the town red!**（パーッとやろうぜ！）

直訳は「町に赤いペンキを塗る」ですが，「（町にくり出して）ゆかいに遊ぶ」という意味で使います。

・・・・・・・・・・・・・・・・・・・・・・・・・・・・・・・・・・・

7 **red tape**（〔非効率な〕お役所仕事）

昔は公文書を赤いテープで結んでいたことから生まれた表現。red を使った比喩の1つに，red carpet（歓待）があります。これは貴賓を迎えるときに敷く赤いじゅうたんに由来する比喩です。また，red は「左翼の」の意味でも使い，その連想で「左翼寄りの」は pink で表します。

8 **yellow journalism**（扇情的なジャーナリズム）

アメリカの大衆向け新聞でカラー漫画に黄色い登場人物が使われたことに由来します。また yellow は人の性格について「臆病な，ひきょうな」という悪いイメージで使います。

9 **as white as snow**（雪のように白い）

白さを強調するために，こういう言い方をすることがあります（童話の「白雪姫」は Snow White）。黒さについては as black as a crow（カラスのように黒い）と言い，カラスの代わりに ink（インク）や coal（石炭）などを使うこともあります。

10 **a white lie**（罪のないうそ）

white は「汚れていない，潔白な」というイメージを持ちます。またビジネス用語で a white knight（白い騎士）と言えば，買収されそうな会社の危機を救う人や企業のことです。

11 **a white-collar worker**（事務職の人）

事務系の仕事をする人をホワイトカラーと言いますが，これは white color（白い色）ではなく white collar（白いえり）がもとに

なった言葉です。反意表現は a blue-collar worker（肉体労働者）です。

●日常的に見かけるものを使った比喩

① as American as apple pie（まさにアメリカ的な）

アップルパイが最もアメリカ的な食べ物と考えられていたことから生まれた表現。apple（リンゴ）を含むその他の慣用句には, Adam's apple（のどぼとけ），the Big Apple（ニューヨーク市の愛称），a bad apple（周りに悪影響を与える人［←腐ったリンゴ］），the apple of ~'s eye（目の中に入れても痛くない［非常に愛しい］人，自慢の種）などがあります。

② He is a hard nut to crack.（彼は扱いにくい人だ）

「割りにくい木の実→難問，扱いにくい人」ということ。くだけた表現では He's nuts about Net auction.（彼はネットオークションに夢中だ）のような使い方もあります。

③ I feel as if I'm skating on thin ice.（薄氷を踏む思いだ）

日本語と同じ発想で「私はまるで薄い氷の上でスケートしているかのように（危険を）感じる」と表現します。skating の代わりに walking（歩いている）も使えます。

④ Marriage life is not all roses.
（結婚生活は楽しいことばかりではない）

rose（バラ）を安楽な生活にたとえた言い方。a rosy future は「バラ色の未来」です。

●イメージが頭にうかびやすい比喩

① **The dispute is just a storm in a teacup.**
（その論争はコップの中の嵐にすぎない）

つまらないことで大騒ぎ［内輪もめ］をすることのたとえ。

② **He is tied to his wife's apron strings.**
（彼は女房の尻に敷かれている）

原義は「彼は妻のエプロンのひもに結びつけられている」。He is a hen-pecked husband.（彼は恐妻家だ）という言い方もあります。hen-pecked は「めんどりにくちばしでつつかれる」という意味です。なお，上の文で wife を mother に置き換えれば「彼はマザコンだ」の意味になります。

③ **The weakest goes to the wall.** （弱肉強食）

「最も弱い者は壁（際）に行き着く→弱いものが負ける」ということ。go to the wall は「負ける，破産する」などの意味で使われる口語表現です。

●その他の比喩表現

① **We are in the same boat.** （私たちは一蓮托生だ）

「同じ船に乗っている→運命共同体だ」ということ。

② The scandal is just the tip of the iceberg.
(そのスキャンダルは氷山の一角にすぎない)

tip は「先端」, iceberg は「氷山」。日本語にそのまま対応する表現です。

③ They used the carrot and stick policy.
(彼らはアメとムチ[硬軟両用]の政策を用いた)

馬を操るのにニンジン (carrot) とむち (stick) を使うことに由来する表現。

④ It is no use building castles in the air.
(〔できないことを〕空想しても仕方がない)

「空中に城を建てる→空想にふける」ということ。

⑤ They are just playing musical chairs.
(彼らは無意味な権力争いをしているにすぎない)

musical chairs の元の意味は「いす取りゲーム」ですが, 組織内の無意味な人事の入れ替えのたとえとしても使われます。

⑥ The singer is a big shot in show business.
(その歌手は芸能界の大物だ)

「大物, 有力者」を意味する別の語に tycoon がありますが, これは日本語の「大君」がもとになったもの。なお, big name は「有

名人, 大スター」の意味です。

---

⑦ When in Rome, do as the Romans do.
(郷に入れば郷に従え)

直訳は「ローマではローマ人がするとおりにしなさい」。

《日本人が知らない英語のツボ６》

✤

「時制」って何？

時制は日本人が最も苦手とする文法分野の１つであり，学校の先生の中にも時制と時の違いをよくわかっていない人がいます。時制とは「時を表す動詞の形」のこと。「時＝時制」ではない，という点に注意してください。

・We <u>are having</u> a party next Friday.
（私たちは来週の金曜日にパーティーを開きます）
この文では，「現在進行形」という時制が「未来」という時を表しています。また，日本語の「〜している」を英訳する場合は，主に次の２つの時制を使い分ける必要があります。

① It is <u>raining</u>.（雨が降っている）
※現在進行中の出来事は現在進行形で表します。

② He <u>works</u> at a bookshop.（彼は本屋に勤めている）
※現在の習慣は現在形で表します。

①と②の違いは，「〜しつつある」と訳せるかどうかで判断できます。「雨が降りつつある」と言えますが，「本屋で働きつつある」とは言えませんね。また，「〜します」という日本語を英訳するときも注意が必要です。

③ I usually <u>drive</u> to work.（私はふだん車で通勤します）
※現在の習慣は現在形で表します。

④ I'll <u>walk</u> to work tomorrow.（明日は歩いて職場へ行きます）
※未来に行うつもりのことは will で表します。

正しい英語を使うためには，時制をマスターすることが特に重要です。本書の随所に出てくる説明を参考にしてください。

4

一目おかれる「大人の英語力」をモノにする方法

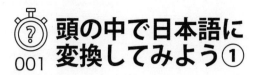
頭の中で日本語に変換してみよう①

●次の各問いの英文を日本語にしてください。

① You asked for it.
....

② Act your age.
....

③ Is there anything wrong?
....

④ Let's give him a big hand!
....

⑤ Hush!
....

⑥ The accident took place at that corner.
....

⑦ She's out of shape.
....

⑧ How about a rain check?

① 【自業自得だよ】直訳は「あなた（自身）がそれ[災難]を求めたのだ」。You deserve it. とも言います（deserve ＝〜を受けるに値する）。

② 【年を考えなさい】「年相応に行動しなさい」ということ。

③ 【どこか具合が悪いの？】相手の具合が悪いことを話し手が既に知っている状況では What's wrong?（どこの具合が悪いの？）と聞くことができます。

④ 【彼に盛大な拍手をお送りください】give a big hand で大喝采するの意味です。「拍手する」は clap one's hands,「拍手喝采する」は applaud という動詞を使います。「大喝采」は ovation とも言い, 立って行えば standing ovation になります。

⑤ 【しっ（静かに）！】ちなみに Duck! は「伏せろ[身をかがめろ]」の意味です。

⑥ 【その事故はあの角で起きた】take place は「起こる（happen, occur）」の意味。

⑦ 【彼女は体調が悪い】out of shape は「形が崩れている」。「太っている」の意味にもなりますが,「体の調子が悪い」の意味でも使います。「体調がよい」は in (good) shape です。

⑧ 【今度また誘ってね】rain check は「雨天順延券」。都合が悪くて招待を受けられないときなどに,「今度また誘ってね」の意味で How about a rain check?, I'll take a rain check. などと言います。

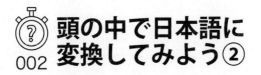

頭の中で日本語に変換してみよう②

●次の各問いの英文を日本語にしてください。

1 I have a fear of heights.

2 It's time to change the baby.

3 He is on edge today.

4 Step on it!

5 I've got a flat.

6 He's a mean drunk.

7 Mr. Wada is a family man.

① 【私は高所恐怖症です】height は high の名詞形で,「高さ, 高所」の意味。

② 【赤ちゃんのおむつを替える時間だ】change the baby's diaper を簡単にした言い方です。

③ 【彼は今日は気が立っている】on edge は「過敏な, 興奮した, いらいらした」の意味を表す口語表現です。

④ 【急げ】Step on it! は,「アクセルを踏め」から転じて「急げ」の意味を表す口語表現です。車に乗っていて「速度を上げる」は speed up,「速度を落とす」は slow down と言います。

⑤ 【(タイヤが) パンクした】flat は flat tire (平べったいタイヤ), つまり「パンク」のことです。

⑥ 【彼は酒癖が悪い】形容詞の mean は「意地が悪い」「下品な」などの意味でも使われます。また, mean (意味する) の名詞形は meaning (意味)。means (手段, 財産) との混同に注意。「1つの交通手段」は a means of transportation です。

⑦ 【和田さんは家庭を大事にする人です】family man には「所帯持ちの男性」の意味もありますが, しばしば「マイホームパパ」の意味で使います。その逆の「仕事中心の人」は job-oriented man と言います。

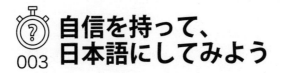
自信を持って、日本語にしてみよう

●次の各問いの英文を日本語にしてください。

1 Let's go to the play this evening.

2 I'd like to check out this book.

3 What's the date today?

4 The end justifies the means.

5 She tied the ribbon in a bow.

6 There are pills on this sweater.

7 He's my bosom friend.

① 【今晩芝居を観に行こう】go to the play の play は「遊び」ではなく「演劇，芝居」。動詞の play（遊ぶ）は子どもについて使う言葉で，大人を誘うときは Let's go out this weekend.（この週末にどこかへ遊びに行こうよ）などと言います。

② 【この本を借りたいのですが】check out の1つの意味は「料金を清算する」。一方，図書館で本の借り出し手続きをすることも check out。check in は「本の返却手続きをする」です。

③ 【今日は何日ですか？】date は「日付」。「今日は何曜日ですか」は What day (of the week) is it today? と言います。「今日は5月10日です」は It's May 10th[tenth]. です。

④ 【うそも方便】「目的（end）は手段（means）を正当化する」ということです。

⑤ 【彼女はリボンを蝶結びにした】bow（ボウ）には，「蝶結び」「弓」などの意味があり，bow tie は「蝶ネクタイ」，bow and arrow は「弓矢」です。また bow を「バウ」と読むと「おじぎ（をする）」の意味になります。

⑥ 【このセーターには毛玉ができている】pill は「丸いもの」を意味し，丸薬も pill です。「ピル（経口避妊薬）」の意味もあります。

⑦ 【彼はぼくの親友だ】「胸」を表す一般的な語は breast で，乳房も breasts（俗語では boobs）ですが，bosom, chest も「胸」の意味です。bosom friend は「心からの友」ということ。「親友」は close friend, good friend とも言います。

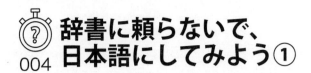

004 辞書に頼らないで、日本語にしてみよう①

●次の各問いの英文を日本語にしてください。

① Something is the matter with this PC.

② The movie made my blood run cold.

③ He is hooked on pachinko.

④ I'd like to have this letter registered.

⑤ This bike was 11,000 yen, including 10 percent sales tax.

⑥ He lives on a pension.

① 【このパソコンは調子が悪い】Something is wrong with this PC. とも言います。動詞の matter は「重要だ」の意味で，That doesn't matter.（それはどうでもいい）のように使います。

② 【その映画をみてぞっとした [血の気が引いた]】日本語と同じように，「彼は冷血漢だ」は He's cold-blooded. と言います。He's hot-blooded. は「熱血漢だ」の意味です。

③ 【彼はパチンコにハマっている】hook は物を留めるための金具やかぎ，釣り針のことで，日本語の「ホック」は hook がなまったものです。be hooked on ～は「～に（かぎで）引っかけられている→～に夢中だ [はまっている]」の意味の口語表現です。

④ 【この手紙を書留にしてほしいのですが】register は「登録する」「書留にする」の意味。「速達で」は by express[special delivery]，「着払いで」は C.O.D.（= cash on delivery）です。

⑤ 【この自転車は 10％の消費税込みで 11,000 円だった】including は「～を含めて」の意味で，その反対が excluding（～を除いて）。「消費税」を直訳すると consumption tax ですが，アメリカで日本の消費税に相当するのは sales tax（売上税）です。

⑥ 【彼は年金に頼って暮らしている】pens・pend という語根は，「重さを計る→支払う」の意味を持ちます。expense（出費），spend（費やす），indispensable（不可欠な）など。「生活保護で暮らす」は live on welfare と言います。

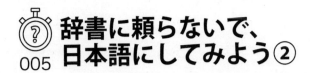

005 辞書に頼らないで、日本語にしてみよう②

●次の各問いの英文を日本語にしてください。

① He tossed and turned all night.
....

② The tide ebbs and flows.
....

③ The moon waxes and wanes.
....

④ This cat is housebroken.
....

⑤ This is my present address.
....

⑥ He's a chicken.

① **【彼は一晩中寝返りをうった】** toss and turn は「寝返りをうつ」の意味。toss には「トスする，軽く投げる」の意味もあります。「寝言を言う」は talk in one's sleep,「いびきをかく」は snore,「歯ぎしりをする」は grind one's teeth と言います。

② **【潮は満ち引きする】** ebb and flow は「〈潮（tide）が〉満ち引きする」の意味。「潮が満ちて［引いて］いる」は The tide is high[low]. と言います。

③ **【月は満ち欠けする】** wax and wane は「〈月が〉満ち欠けする」。「満月」は full moon,「三日月」は crescent (moon) と言います。wax には「ろう」の意味もあり，wax doll は「ろう人形」，earwax は「耳あか」です。

④ **【このネコはトイレのしつけができている】** housebroken は「家の中に住むように飼いならされている，用便のしつけができている」という意味の形容詞です。

⑤ **【これが私の現住所です】** present には「現在（の）」の意味があります。また「出席している」の意味もあり He was present at the meeting.（彼は会議に出席していた）のように使います。

⑥ **【彼は臆病者だ】** 前述のように chicken（ニワトリ）は「弱虫，臆病者」，donkey（ロバ）は「のろま，役立たず」，fox（キツネ）は「ずる賢い人」の意味で使います。セクシーな若い女性のことも fox と言い，foxy（セクシーな）という形容詞もあります。

006 日本語を英語にする一番の"近道"とは？①

●次の日本語の内容を,できるだけ短い英文で表してください。

① 私は朝寝坊です。

② あなたの生年月日はいつですか。

③ 私は毎日庭に水をやります。

④ 女性の寿命は男性より長い。

⑤ 安全運転が私のモットーです。

⑥ フランスは私が訪ねてみたい国です。

⑦ カナダで話されている言語は英語とフランス語です。

① 【I get up late (in the morning).】「私は（朝）遅く起きる」と表現すればＯＫ。I can't get up early. とも言えます。

② 【When were you born?】「あなたはいつ生まれましたか」で十分です。

③ 【I water my [the] garden every day】water を動詞で使えば「～に水をやる」という意味になります。

④ 【Women live longer than men.】主語を「女性の寿命」ではなく「女性」にすれば，「女性は男性より長生きする」という文が思い浮かびます。このように英語では，人間を主語にすると短い文を作りやすくなります。

⑤ 【I always drive safely [carefully].】この場合も「安全運転」ではなく「私（I）」で文を始めると，「私はいつも安全に［注意深く］運転しています」と表現できます。motto という固い語を使う必要はありません。

⑥ 【I want to visit [go to] France.】直訳すると France is a country that [which] I want to visit. ですが，「私はフランスを訪ねたい」と言えば十分です。

⑦ 【English and French are spoken in Canada.】「英語とフランス語がカナダでは話されている」でＯＫ。Canadian people speak English and French. だと１人が２つの言語を話すように誤解されるのでよくありません。

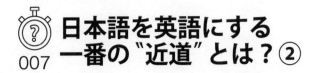

日本語を英語にする一番の"近道"とは？②

● 次の日本語の内容を，できるだけ短い英文で表してください。

① ぼくが初めて彼女と会ったのは，この喫茶店だった。

....

② 主治医から禁煙するように言われた。

....

③ ８時半に来る予定のバスがまだ来ていません。

....

④ きのう父の墓参りをした。（墓＝ grave）

....

⑤ 試験に落ちないように，もっとまじめに勉強しなさい。

....

⑥ このレストランが開いているところは見たことがない。

....

⑦ 中国から日本へ働きに来る人が増えている。

① 【I first saw [met] her at this coffee shop.】いわゆる強調構文を使って It was at this coffee shop that I saw her for the first time. と表現することもできますが,「ぼくはこの喫茶店で初めて彼女と会った」と言えば十分です。

② 【My doctor told me to stop smoking.】受動態を使って I was told to stop smoking by my doctor. とも表現できますが,「私の医者は私に禁煙するよう言った」という文を作ればOKです。

③ 【The 8:30 bus hasn't come yet.】「8時半のバス」は 8:30 bus と言えば十分。eight thirty bus と読みます。

④ 【I visited my father's grave yesterday】「きのう父の墓を訪ねた」と表現できます。

⑤ 【Study harder to pass the exam.】直訳すると Study harder so (that) you won't fail (in) the exam. ですが,「落ちないように」は「受かるために (to pass)」で表現できます。

⑥ 【This restaurant is always closed.】「見る」という語を使わなくても,「このレストランはいつも閉まっている」と表現できます。

⑦ 【More (and more) Chinese people are coming to work in Japan.】主語をできるだけ短くするのが,シンプルな英文を作るコツです。この英文を訳すと「より［ますます］多くの中国の人々が日本で働くために来ている」となります。

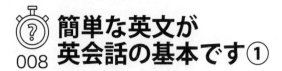

簡単な英文が英会話の基本です①

●次の各問いに答えてください。

① 「お仕事は何ですか？」を英語にすると？

② 「彼女は生まれついての歌手だ」をなるべく少ない語数で英語にすると？

③ 「天気予報（weather forecasts）は外れることもある」を，right を使って英語にすると？

④ 「私の車がスリップした」を英語にすると？

⑤ 「この時計（clock）は3分遅れている」を英語にすると？

⑥ 「私は車で通勤します」を，なるべく簡潔な英語にすると？

① 【What do you do?】もっとくだけた言い方に What are you? があります。Where do you work? は「どちらにお勤めですか」で，職業を尋ねるには不適切です。

② 【She's a born singer.】He was born rich.(彼は金持ちの家に生まれた)という言い方もあります。

③ 【Weather forecasts are not always right.】「天気予報は常に正しいわけではない」と表現できます。〈not + always〉は「常に～とは限らない」の意味です。

④ 【My car skidded.】slip は「すべる」の意味ですが，「車がスリップした」は My car skidded. と言います。同様に「家をリフォーム［改築］した」は I reformed my house. ではなく, I remodeled [refurbished] my house. です。reform は「改革する」の意味です。

⑤ 【This clock is three minutes slow.】slow を late にしないように。時計が「進んでいる」は fast，「遅れている」は slow で表します。

⑥ 【I drive to work.】前述のように「歩いて[車で]仕事に行く」は，walk [drive] to work 。「学校へ行く」は go to school，「仕事に行く」は go to work です。

009 簡単な英文が英会話の基本です②

●次の各問いに答えてください。

① 「私たちは結婚5年目です」を，marry を使って6語の英語にすると？

……………………………………………………………………………………

② 「このドレス，私に似合う？」を，How で文を始めて英語にすると？

……………………………………………………………………………………

③ 「私はスタミナ(stamina)がない」を3語の英語にすると？

……………………………………………………………………………………

④ 「私の言うことをよく聞きなさい」を4語の英語にすると？

……………………………………………………………………………………

⑤ 車の運転中に言う「ガソリンが切れそうだ」を5語の英語にすると？

……………………………………………………………………………………

⑥ 「息子さんは何年生ですか？」を英語にすると？

……………………………………………………………………………………

⑦ 「病院へ彼をお見舞いに行こう」を英語にすると？

……………………………………………………………………………………

⑧ 「あなたの会社は，創業以来どのくらいになりますか？」を英語にすると？

① 【We've been married for six years.】「結婚している」は be married と言います。これを現在完了形（have been married）にして，「5年間ずっと結婚している状態だ」と表します。

② 【How do I look in this dress?】「私はこのドレスを着てどのように見えますか？」と表現しましょう。

③ 【I lack stamina.】lack は「〜を欠いている」という動詞です。luck（運）と紛らわしいので注意。

④ 【Listen to me carefully.】「〜の言うこと[言葉]を聞く」は，〈listen to ＋人〉で表せます。「よく」は「注意深く」と言い換えましょう。

⑤ 【We're running out of gas.】〈run out of 〜〉は「〜がなくなる」。ガソリンが切れたら，We're out of gas. と言います。

⑥ 【What grade is your son in?】たとえば「息子は1年生です」は My son is in the first grade. と言うので，the first grade をたずねる疑問文を考えます。

⑦ 【Let's visit him in the hospital.】「病院に彼を訪ねる」と表現できます。なお，ask after him は「彼の安否を（第三者に）尋ねる」の意味です。

⑧ 【How old is your company?】How long ago was your company established?（あなたの会社はどのくらい前に設立されましたか）とも言えますが，「あなたの会社は何歳ですか」とたずねるのが簡潔です。

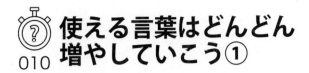

010 使える言葉はどんどん増やしていこう①

●次の各問いに答えてください。

① She's (slim / smart / slender). のうち「スマート」の意味ではないのは？

② This skirt is too tight for me. の下線部を反対の意味を持つ語に言い換えると？

③ We all look up to Mr. Sasaki as our leader. の下線部を，r で始まる1語で言い換えると？

④ He has a spare tire. の下線部の意味は？

⑤ You should book a seat on the train. の下線部と同じ意味を表す，r で始まる語は？

⑥ Let's draw lots to decide who goes. の下線部の意味は？

⑦ I get a checkup once a year. の下線部の意味は？

⑧ She has a good tan. の下線部の意味は？

① 【smart】前述したように smart は「やせている」ではなく「利口だ」の意味。How smart you are!（君って頭いいね！）などと使います。ちなみに動詞の smart は「ひりひり痛い」の意味で，My eyes smart from the smoke. は「煙が目にしみる」です。

② 【loose】「このスカートは私にはきつすぎる」。tight（きつい）の反意語は loose（緩い）。

③ 【respect】「私たちはみんな佐々木氏をリーダーとして尊敬している」の意味です。

④ 【(腹まわりの) ぜい肉】「彼は太っている」という意味になります。spare tire は腹回りのぜい肉を意味する口語表現です。

⑤ 【reserve】「列車の席を予約する方がいい」の意味。

⑥ 【くじ】「誰が行くかを決めるためにくじを引こう」という意味になります（249 頁参照）。

⑦ 【健康診断】「私は年に 1 回健康診断を受ける」という意味です（43 頁参照）。

⑧ 【(小麦色の) 日焼け】「彼女はこんがり焼けている」の意味。日焼けは suntan とも言います。

011 使える言葉はどんどん増やしていこう②

●次の各問いに答えてください。

① You should fix the gutter before the rainy season. の下線部を、r で始まる別の語で言い換えると？

② He lives in an apartment on the top story. の下線部の意味を、1文字の漢字で答えてください。

③ He is at the top of his class.（彼の成績はクラスでトップだ）の下線部と反対の意味を表す語は？

④ I got another parking ticket. の下線部の意味は？

⑤ This soup has an offensive smell. の下線部の意味に最も近い語は？
① aggressive ② nasty ③ tidy ④ boring

⑥ It was just another movie. の下線部の意味は？

⑦ He likes telling fish stories. の下線部の意味は？

① 【repair】「梅雨の前に雨どいを修理する方がいい」。fix は「修理する（repair）」の意味でも使います。

② 【階】「彼は最上階のアパートに住んでいる」。「2階建ての家」は a two-story house と言います。

③ 【bottom】at the bottom of ～ は「～の最後［びり］だ」。bottom はもともと「底」の意味です（57頁参照）。

④ 【駐車違反の切符】「また駐禁の切符を切られた」の意味。

⑤ 【②】「このスープはいやな[不快な]においがする」。aggressive は「攻撃的な」, tidy は「きちんとした」, boring は「退屈な」。

⑥ 【ありふれた】just another は「単なる（どれか）もう1つの→ありふれた, 月並みな」の意味で使う口語表現です。

⑦ 【(大げさな) 自慢話】fish story は「（漁師がするような）大げさな話, 自慢話」という意味。fishy story と言えば「うさん臭い話」という意味になります（268頁参照）。

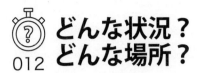

012 どんな状況？どんな場所？

● 次の各問いに答えてください。

① 次の会話が行われている場面はどこ？
A: Hi, Sam. What seems to be the problem today?
B: My gums have been bleeding recently.

② 一般的に I locked myself out. という言葉が使われるのはどんな場所？

③ 次の会話が行われている場所はどこ？
A: Do you have any vacancies?
B: Sorry, we're fully booked.

④ 次の会話で、Bさんは何をしている？
A: Did you have a bite?
B: Yes, but I missed a big one because the line broke.

⑤ She is absent now on maternity leave. と言えば、彼女は今どんな状態？

⑥ Do you have anything to declare? と質問される場所は？

1 【歯科医院】歯医者と患者の会話。「今日はどこが悪いの？」「最近歯ぐきから血が出るんです」。チューインガムも gum と言います。「虫歯」は cavity[bad tooth],「歯石」は scale[tartar],「歯垢」は plaque です。

2 【ホテル】「私は（カギをかけて）自分自身を締め出した」とは，ホテルのオートロックの部屋にカギを置き忘れて入れなくなった，ということです（102 頁参照）。

3 【ホテル】「空いている部屋がありますか？」「恐れ入りますが満室です」という会話。vacancy には「部屋の空き」のほか「仕事の空き（job vacancy）」という意味もあります（113 頁参照）。

4 【釣り】「当たり（魚の食い）はありましたか？」「ええ，でも糸が切れて大物を逃がしました」。bite（かむ）は，「魚がえさに食いつく」ことにも使います。「蚊にさされた」は I was bitten by a mosquito.,「霜焼け」は frostbite です。

5 【産休を取っている】leave は「許可，（有給）休暇」の意味で，maternity leave は「出産休暇」です。

6 【空港】declare は「宣言する」の意味で，アメリカの独立宣言は the Declaration of Independence。一方 declare には「（税関に）申告する」の意味もあり，この文は「何か（税関に）申告するものはありますか」という意味です。

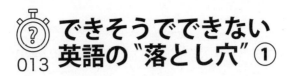

できそうでできない英語の"落とし穴"①

●次の各問いに答えてください。

①ある人が4月に "I'm going to Hawaii next summer." と言った場合，その人がハワイに行くのは「今年の夏」「来年の夏」のどちらでしょう？

②Jack ran away with Betty. と言えば，ジャックとベティは何をしたのでしょう？

③「彼は家を新築した」の意味で，He built a new house. と言えるでしょうか？

④「彼はきのう（床屋で）髪を切った」の意味で，He cut his hair yesterday. と言えるでしょうか？

⑤What's your sign? という質問の sign はどんな意味？

⑥かわいいドレスは cute dress，地味なドレスは plain dress です。では，「派手なドレス＝（　）dress」の空所に入るlで始まる語は？

① 【来年の夏】「今年の夏」にハワイに行くなら，普通は "I'm going to Hawaii this summer." と言います。10月に I went to Hawaii this summer. と言う場合も「今年の夏」であり，last summer なら「去年の夏」の意味になります。

② 【駆け落ち】run away with ～ には「～を持ち逃げする」の意味もあります。

③ 【言える】実際に彼が建築工事をしたわけではありませんが，He built（彼は建てた）で表現できます。

④ 【言えない】He cut だと彼が自分で切ったことになります。正しくは He had [got] his hair cut, He got a haircut などと言います。

⑤ 【星占いの星座】sign は，sign of the zodiac（(十二宮の) 星座）の意味で使われます。この質問に対しては I'm a Leo.（私はしし座です）のように答えます。「あなたの干支（えと）は何？」は What's your Chinese sign? と表現できます。

⑥ 【loud】loud は「大声の」の意味の形容詞ですが，「(服装などが) 派手な」の意味でも使います。casual dress は普段着，fancy dress は仮装です。仮装行列は fancy-dress parade と言います。

014 できそうでできない 英語の"落とし穴"②

●次の各問いに答えてください。

① アパートの広告に Utilities are paid. とありました。どういう意味？

② He was arrested for driving under the influence. と言えば，彼はどんな運転をして逮捕された？

③ テレビやラジオで使われるよく使われる Stay tuned. とはどんな意味？

④ It seems he is happy.（彼は幸福そうだ）を He で始まる文で言い換えると？

⑤ I had my palm read. と言った人は，何をしてもらった？

⑥「象は鼻（trunk）が長い」を，An elephant で始まる英文に直してください。

⑦ 新聞の見出しに，「Hats off to Freddie（フレディ）」とありました。どんな意味？

1. 【家賃に公共料金が含まれます】utility は「有益，実用」の意味ですが，電気・ガス・水道などの公共事業［料金］も utilities（複数形）で表します。敷金［手付金］は deposit, 保険の掛け金は premium と言います。

2. 【飲酒運転】under the influence of alcohol（アルコールの影響を受けて）の of alcohol が省略された形。driving under the influence の頭文字をとって，「飲酒運転」のことを DUI とも言います。

3. 【そのままお楽しみください】stay は「〜のままにしておく」，tune は「(周波数を)同調させる」。つまり「チャンネルを変えないでおく」という意味です。tune には「曲」「正しい調子」の意味もあり，sing a tune（1曲歌う），out of tune（調子が外れている，調和しない）のように使います。

4. 【He seems to be happy.】It seems (that) S V. の S で文を始めると，S seem(s) to 〜 の形になります。

5. 【手相を見てもらった】read 〜 palm は「手のひらを読む→手相を見る」の意味です。

6. 【An elephant has a long trunk.】「象は長い鼻を持っている」と表現します。

7. 【フレディに脱帽】日本語では「君にはかぶとを脱ぐよ」のようにも言いますが，これを英語に直すと I take off my hat to you. となります。「二足のわらじをはく」は英語で wear two hats（二つの帽子をかぶる）と言います。

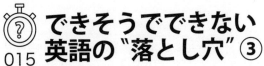

できそうでできない英語の"落とし穴"❸

●次の各問いに答えてください。

① This novel is a drag. の drag はどんな意味？

② He is 6 feet tall. と言えば，彼の身長は約何センチ？

③ I have hiccups. の hiccups はどんな意味？

④ I'm all thumbs.（私は全部親指だ）ってどんな意味？

⑤ She has fair hair. と言えば，彼女はどのような髪の持ち主？

⑥ 男の子が母親から，Feed the dog. と言われました。どうすればよいでしょう？

① 【退屈だ】動詞の drag は「引きずる」で，The meeting dragged on.（会議はだらだらと長引いた）のようにも使います。名詞のときは「障害，足手まとい」「退屈なもの」などの意味で，drag on one's career は「出世の妨げ」です。

② 【180cm】1 フィート（1 foot）は約 30cm で，もともと大人の足（foot）のサイズが基準になっています。したがって 6 フィート（6feet）は約 180cm です。1 フィートの 12 分の 1 が 1 インチ（inch）で，約 2.5cm に当たります。

③ 【しゃっくり】酔っ払ったときなどに「ヒック」というしゃっくりのような音が出ますね。しゃっくりを hiccup というのは，この「ヒック（hic）」という音に由来します。咳は cough，げっぷは belch，おならは fart。

④ 【私は不器用だ】He has a green thumb. という言い方は前述のように「彼は親指が緑色になるくらい庭いじりをしている→彼は園芸の才がある」という意味です。また，親指を上向きに立てて握りこぶしを前に出す動作（thumbs up）は同意を，下に向けた場合（thumbs down）は不同意を表します。

⑤ 【金髪】fair play（フェアプレイ）など，fair は「公正な」の意味の形容詞です。さらに「晴れている」「きれいな」「（肌が明るい→）色白の」「（髪の色が明るい→）金髪の」などの意味もあります。ミュージカル「マイ・フェア・レディ（My Fair Lady）」は「私の美しい人」の意味です。

⑥ 【犬にえさをやる】feed は food の動詞形で，「食べ物を与える」「供給する」の意味。Feed the copier with paper. は「コピー機に用紙を入れなさい」ということ。

《日本人が知らない英語のツボ7》

✣

「学校英語」の何がいけないの？

「日本の学校英語は実用的でない」という批判が昔からあります。しかし今日の中学・高校の教科書はかなり実用性を重視した内容になっており，たとえば中学1年生の教科書では買い物や道案内のしかたを学ぶことになっています。ただし話す力をつけるためには，実際にそうした表現を口に出す機会を持つ必要があります。学校の授業では時間的な制約からどうしてもペーパーテストが中心になり，話す練習が不足しがちです。

もう1つの問題は高校や大学の入試です。いわゆる受験英語は日本独特のものであり，特に私立高校・大学の入試ではトンデモ問題がしばしば出題されています。高校入試からそうした悪問の例を1つ挙げてみましょう。

2つの文が同じ意味になるよう，空所に適語を入れよ。

① She knows the writer of this novel.
② She knows ( ) ( ) this novel.

出題者が想定した正解は who wrote ですが，2つの文は同じ意味にはなりません。「彼女はこの小説を誰が書いたのか知っている」と言いたいときは②を使います。①だと「彼女はこの小説の著者と知り合いだ」という意味に解釈されてしまいます。入試問題には間違った英語や不自然な英語がたくさん含まれており，その主な原因は出題者（高校や大学の先生）の英語力不足です。皆さんの英語力が不十分だとしたら，それは皆さん自身ではなく学校の先生の責任だ，と言える面もあります。

特集4

そのカタカナ英語、世界では通じません

たとえば「セルフサービス」に相当する英語は self-service なので，発音が下手でも「セルフサービス」と言えば英語圏の人にも理解してもらえるでしょう。一方，たとえば「ホッチキス」に相当する英語は stapler なので通じません。

ここでは，カタカナ言葉からの連想で間違って使いやすい和製英語の例を見ながら，正しい表現を身につけていきます。すでに紹介した言葉も多く取りあげているので，復習のつもりで取り組んでみてください。

日本でしか通用しない英語
〈基本編〉

●アイスコーヒー

アイスクリームは ice cream ですが，アイスコーヒーは動詞の ice（氷で冷やす）を過去分詞にして，iced coffee（冷やされたコーヒー）と表現します。boiled egg（ゆで卵［←ゆでられた卵］），fried chicken（フライドチキン［←揚げられた鶏肉］）などと同様です。なお，「iced coffee →アイスコーヒー」のように英語の語尾の音が消えてカタカナ言葉になるケースはよく見られます。たとえば scrambled eggs（かきまぜて焼かれた卵）を日本語では「スクランブルエッグ」と言い，d の音が消えています。

●アイロン

アイロンに当たる英語は iron ですが，iron には「鉄」の意味もあります。鉄はカタカナ言葉ではアイアンと言います（たとえばゴルフクラブのアイアン）。このように，無関係に思える2つの言葉が同じ語源から発している場合があります。たとえばゴムとガムはどちらも gum という語から来た言葉です（ただしゴムは英語では普通 rubber と言います）。

一方，スポーツなどのファン（fan）とファンヒータのファン（fan＝扇風機）は，つづりは同じですが意味は無関係です。音楽のバ

ンド (band) とヘアバンドのバンド (band) も同様です。有名な小説「まだらの紐」（シャーロック・ホームズのシリーズ中の1作）では，この語の2つの意味が鍵になっています。

また，同じカタカナであっても英語に直すと違う語になるものもあります。たとえば電気のコードは cord（ひも）ですが，レジなどで使うバーコードは bar code。code は「記号，基準」の意味で，ドレスコード［服装規定］(dress code) の code と同じです。あるいは，車のトラックと荷物を運ぶトロッコ（手押し車）はどちらも truck。一方陸上競技のトラックは track で，こちらはもともと「わだち，軌道」の意味でした。

●アパート

「私のアパート」は my apartment と言います（apart は「離れて」という意味の副詞）。アパートの建物全体は apartment house [building] で，個々の世帯［部屋］が apartment です。

同様にデパートも，depart と言ってはいけません（depart は「出発する」という意味の動詞）。正しくは department store です。department は「（全体の中の）一区分」のことで，toy department（［デパートの］おもちゃ売り場）のように使います。また department には「（大学の）学部」「（会社の）部」などの意味もあります。「文学部」は literature department，「人事部」は personnel [human resources] department です。

●アニメ

「アニメ映画」の英訳は animated [animation] movie ですが，日本のアニメは海外でも人気があるため，anime という外来語として英語に取り入れられつつあります。otaku（おたく）なども同

様。ちなみに「ロリコン」に当たる英語は pedo(phile)（幼児性愛症者）ですが，日本文化に関連する文章などでは loli(-con) という語も見られます。（ロリコン［ロリータ・コンプレックス］の語源となった Lolita はロシアの作家ナボコフの小説から）

英語圏でも通じる日本語には，tofu（豆腐），sushi（すし），miso（味噌），judo（柔道），sumo（相撲），haiku（俳句），go（碁），zen（禅），shogun（将軍）などがあります。これらは英米の辞書にも載っています。一方，ゴールデンウィーク，フリーターなど日本にしかないものは，そのまま使っても英米の人には通じません。

●アルバイト

アルバイトはドイツ語の Arbeit（労働）をカタカナにしたもの。英語では work part-time（非常勤で働く）と表現します（「常勤で働く」は work full-time）。このように英語以外の言語に由来するカタカナ言葉には，パン（bread），アンケート（questionaire），レントゲン（X-ray）などがあります。

●オービー (O.B.)

イギリス英語では old boy を「卒業生，同窓生」の意味で使うこともあります。ただし一般には，たとえば「私はこの学校の O.B.［O.G.］だ」は I'm a graduate of this school.，「私はこのクラブの O.B. だ」なら I'm a former member [an ex-member] of this club. などと言います。ex- は「前の」の意味で，「私の元カレ」は my ex-boyfriend と表現できます。

なお，ゴルフ用語のオービーは out of bounds（境界線を越えて）

から来た言葉です。

- -

●カレンダー

カレンダーは英語でも calendar ですが，発音に注意。cálendar のように最初を強く読みます。カタカナ言葉はカレンダーのように後ろを強く［高く］読むことが多いのですが，英語の名詞は原則として前にアクセントを置きます。チョコレート (chócolate), コーヒー (cóffee), イメージ (ímage), マネージャー (mánager), ユニフォーム (úniform), ビタミン (vítamin) なども同様です。ただし，例外的に「真ん中」や「後ろ」を強く読む名詞もあります（主にラテン語などに由来します）。たとえばバナナ (banána), ギター (guitár), ホテル (hotél), トマト (tomáto), シャンプー (shampóo), バイオリン (violín) など。

- -

●スタイル

「あなたってスタイル［プロポーション］がいいわね」に当たる英語は，You have a good figure. です。figure は「容姿」。style は「様式，やり方」，proportion は「割合」の意味なので，体型を表すのには使えません。ちなみに「スリーサイズ」は和製英語であり，これに当たる英語は measurements です。ただし What are your measurements?（君のスリーサイズはいくつ？）のような失礼な質問は控えましょう。

なお，豊満な体つきの女性を日本語では「グラマー」と言いますが，英語の glamorous は「魅惑的な」の意味で，肉体以外の魅力も含みます。「彼女は胸が大きい」は She has big breats.。俗語で「彼女は巨乳だ」は She's busty [stacked]., 「彼女は貧乳だ」は She's flat(-chested). と言います。

日本でしか通用しない英語
〈応用編〉

●キャッチボール

「キャッチボールをしよう」は，Let's play catch ball. ではなく Let's play catch. と言います。このように元の英語に余分な文字を加えたカタカナ言葉があります。たとえば「ダンスパーティーに行く」は go to a dance [× dance party]，またガードマン［警備員］は英語では単に guard と言います。

●サラリーマン

「サラリーマン」は和製英語で，英訳するなら company employee, white-collar worker などと言えます。ただし英米では「私はサラリーマンです」のような言い方はせず，I'm an engineer.（私は技師です）のように具体的な仕事を説明するのが普通です。

なお，OL は office lady から来た和製英語で，英語にはこのような言葉はありません。また，サラリーマンの場合と同様に「私はOLです」のような言い方はしません。一方，日本語のキャリアウーマンに相当する career woman（働く女性）という表現はあります。

●チャック

衣類などについているチャックは chock（くさびで留める）という単語に由来しますが，英語では zipper と言います。このように，元の英語とは違う意味でカタカナ言葉に取り入れられた語が多くあります。たとえば cider（りんご酒）が日本語ではサイダーになりました（サイダーは soda pop，つまり炭酸入り清涼飲料の一種です）。そのほかノルマは norm（基準），モルモット［実験台］は marmot（マーモット［リス科の動物の一種］）から来た言葉ですが，英語ではそれぞれ quota, guinea pig と言います。また「（試験中の）カンニング」は cunning（悪賢い）という形容詞がもとになった言葉ですが，英語では cheating [cribbing] と言います。

●トイレ

「トイレ」は toilet が元になったカタカナですが，toilet は「便器」の意味で使うことが多く，flush the toilet（トイレの水を流す）などと言います。「トイレをお借りできますか」は May I use your bathroom? が普通の言い方。英米の家庭ではトイレと浴室が一体なので，トイレは bathroom で表します。ホテルやレストランのトイレは rest room, washroom, ladies' room（女性用）など，また公衆トイレは public convenience, comfort station のように婉曲に表現します。場所としてのトイレという意味では，toilet という語は多用しない方がいいでしょう。

●パワハラ

セクハラに当たる sexual harassment という英語はあります。しかしパワハラは日本人が作った言葉であり，英語では power harassment とは言いません。パワハラを英訳するなら，たとえば

bullying in the office（職場でのいじめ）となります。ただし訴訟や転職が日本よりも盛んな英米では，パワハラが起こるケースは日本よりも少なそうです。

パワハラのように，日本人が独自につくった「英語っぽい」言葉があります。たとえばペーパードライバー（英語では Sunday driver），スキンシップ（英語では physical contact）など。またペットトリマーも和製英語で，英語で trimmer と言えば植木などを刈りそろえる道具のことです。犬や馬などの毛づくろいをする動作は groom，それを行う人（日本語で言うトリマー）は groomer と言います。「人間ドック」も船だまり（dock）からの連想で生まれた和製英語であり，human dock では通じません。「人間ドックに入った」は I had a complete [thorough] medical checkup. などと言えばいいでしょう。

●パンク

パンクは puncture（〔刺してできた〕穴）からできたカタカナ言葉ですが，「（車が）パンクした」は I got a flat (tire). が一般的な表現です。flat tire は「平らな［ぺちゃんこの］タイヤ」。ちなみにパンクロック (punk rock) の punk はもともと「未熟な若者」などを意味する俗語で，車のパンクとは関係ありません。

なお，イギリス英語では flat をアパート（apartment）の意味で使うので，イギリスで I got a flat. と言うと「私はアパートを手に入れた」と誤解されるかもしれません。

●ビジネスマン

このカタカナ言葉は businessman に由来しますが，2つの注意点があります。まず，日本語では会社員一般をビジネスマンと言い

ますが，英語の businessman は「実業家」の意味であり，会社の経営者や幹部を意味します。平社員が I'm a businessman. と言うと「この人はまだ若いのに会社を経営しているのか」と誤解されかねません。

また，businessman は男性だけを意味しますが，近年では男女同権の観点から，男女共用の言葉を使う傾向が広まっています。「(男性または女性の) 実業家」は businessperson です (複数形は businesspeople)。同様に「議長」は chairman でなく chairperson,「消防士」は fireman でなく fire fighter,「警察官」は policeman でなく police officer, という具合です。また stewardess (スチュワーデス) は -ess が女性を表すので，今日では男女ともに flight [cabin] attendant (客室乗務員) と言います。アメリカ英語では actor (男優) と actress (女優) の区別もなくして，男女ともに actor と呼ぶ傾向も広がっています。

●ビニール

vinyl (ビニール) という語はありますが，これは化学用語なので日常的には使いません。「ビニール [ポリ] 袋」は plastic bag と言います。英語ではプラスチック製品はすべて plastic で表すので，ポリバケツは plastic bucket, ペットボトルもプラスチック製なので plastic bottle と言います。pet bottle だと「ペット用のボトル」と誤解されるかもしれません。

●フライパン

フライパンに当たる英語は frying pan。fry は「揚げる，炒める」, pan は「鍋」なので，frying pan は「揚げたり炒めたりするための鍋」という意味になります。このように〈〜ing ＋名詞〉が

「〜するための○○」という意味になることがあります。たとえばsleeping carは「寝台車［←眠るための車両］」，swimming poolは「水泳プール［←泳ぐためのプール］」です。

●プリン

プリンは英語のpudding（プディング）がなまったカタカナ言葉です。puddingは小麦粉に卵や果物などを加えて蒸したケーキのことで，日本のプリンはcustard puddingと言います。プリンのように元の英語の発音が変わってカタカナになった言葉には，ラムネ（lemonadeから），ミシン（sewing machine, つまり「縫う機械」のmachineから）などがあります。

●ボーイフレンド

日本語のボーイフレンドは「男性の友人」ですが，英語のboyfriendは「（女性から見た）男性の恋人」の意味です。たとえば花子さんが太郎君をTaro is my boyfriend.と表現すると，二人は恋人同士だという意味になります。そこまで深い仲でないのなら，Taro is my friend.と言います。花子さんが「私には男性の友人がたくさんいます」と言いたいときは，I have a lot of male friends.と表現できます。同様にgirlfriendは「（男性から見た）女性の恋人」であり，「女性の友人」はfemale friendと言います。なお，loverは「（男性の）愛人」の意味で使うことが多いので，花子さんが太郎君のことをTaro is my lover.と言うと，「太郎くんは私の浮気相手だ」という意味に誤解されてしまいます。ちなみに女性の愛人はmistressです。

●マフラー

このカタカナ言葉は,「防寒用のマフラー(えり巻き)」「エンジン音などを消すマフラー(消音装置)」の2つの意味で使われます。英語の muffler にも両方の意味がありますが,アメリカ英語では muffler は主に後者の意味で使い,防寒用のマフラーは scarf と言います。このように,カタカナ言葉をそのまま使うと日本語とは違うものを指すケースに注意しましょう。たとえば冷房用のクーラーに当たる一般的な語は air-conditioner。cooler は冷却専用の道具(保冷容器,冷水器など)を表します。また,ストーブは英語では heater (stove は調理用のレンジ),(調理用の)ミキサーは blender (mixer は泡立て器)です。

●リモコン

たとえば「そのリモコンを取ってよ」と言いたいとき,Pass me that リモコン. と言ったのでは通じません。正しくは Pass me that remote (control). です。このように,元の英語の一部を省いて短くしたカタカナ言葉がたくさんあります。たとえばアプリ (application), コネ (connection), コラボ (collaboration), コンビ (combintion), セレブ (celebrity), パソコン (personal computer), ビル (building), マイク (microphone) など。これらはカタカナをそのまま使うと英語圏の人には通じません。

また,フリーライターに当たる英語は freelance writer です。lance は槍のことで,freelance はもともと誰にも仕えず自由契約で働く中世の傭兵を意味していました。free writer だと「無料で書く人」の意味に誤解されかねません。

《日本人が知らない英語のツボ8》

✽

学校で教えてくれないことってあるの？

たとえば「明日は雨が降るでしょう」は，次のように表すことができます。
① It will <u>rain</u> tomorrow.
② It will <u>be raining</u> tomorrow.
2つの文に実質的な意味の違いはありませんが，会話では②のような使い方もよく見られます。進行形は「〜している途中だ」の意味なので，物事を断定しない穏やかな響きを持つからです。〈will be +〜ing〉（未来進行形）は，「（自然の成り行きで事態が進んで）〜になるだろう［予定だ］」というニュアンスを持ちます。
③ How long will you <u>be staying</u> in Japan?
（日本にはどのくらいご滞在の予定ですか）
この文でも，下線部は stay よりも穏やかな響きを持っています。この種の表現は will 以外の助動詞にも適用できます。
④ I must <u>be going</u> now.
（もうおいとましなくてはいけません）
⑤ We'd better <u>be leaving</u> right now.
（すぐ出発する方がよさそうだ）
会話でよく使うこのような知識は，学校でほとんど教えられていません。それはおそらく「どちらも正しいがニュアンスが違う」という知識は○×式のテストになじまないからでしょう。このようなケースはしばしば見られます。テストの問題を解くことだけが勉強ではない，ということです。

5
シンプルに話すのが決め手！
中学英語で話すコツ、答えるコツ

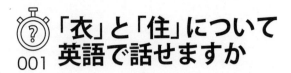

「衣」と「住」について英語で話せますか

● 下線部は英語としては誤り（またはあまり一般的でない言い方）です。より適切な語句に直してください。

① This <u>Y-shirt</u> needs washing.（このワイシャツ，洗濯しなくちゃ）

② He always wears <u>order-made</u> suits.（彼はいつもオーダーメイドのスーツを着ている）

③ This shop provides good <u>after service</u>.（この店は優れたアフターサービスを提供してくれます）

④ There's a <u>coin laundry</u> around the corner.（角を曲がったところにコインランドリーがある）

⑤ I want to have <u>my home</u>.（私はマイホームを持ちたい）

⑥ I <u>reformed</u> my house.（自宅をリフォームしました）

1. 【shirt】「Tシャツ」はT-shirtですが,「ワイシャツ」はwhite shirt（白いシャツ）がなまった和製英語。正装用のシャツはdress shirtですが,単にshirtと言えばいいでしょう。衣類関係では,トレーナー（sweat shirt）,チョッキ（vest）なども和製英語です。ズボンはアメリカ英語ではpants（下着のパンツはunderpants）,イギリス英語ではtrousersと言います。

2. 【custom-made】「オーダーメイド」は和製英語で,正しくはcustom-madeまたはmade-to-orderと言います。反意語はready-made（既製の）です。

3. 【after-sale service】「販売(sale)後のサービス」と表現します。after serviceだと「サービスの後で」と誤解されます。

4. 【Laundromat】コインランドリーはcoin-operated laundry, coin washerとも言いますが,アメリカでは商標のLaudromatがよく使われます。Scotch tape（セロテープ）,Velcro（マジックテープ）なども商標が普通名詞のように使われています。

5. 【my own home】my homeは既に自分が持っている家のこと。「自分自身の家」と表現すれば日本語の意味になります。

6. 【remodeled】refurbishedも可。reformは「改革（する）」の意味で,「教育改革」はeducational reformです（295頁参照）。

002 起きてから寝るまでを英語で言ってみよう①

●下線部は英語としては誤り（またはあまり一般的でない言い方）です。より適切な語句に直してください。

① There's a <u>free</u> market here every Sunday.（毎週日曜日にここでフリーマーケットが開かれます）

....

② I've lost my <u>sharp</u> pencil.（シャープペンシルをなくしちゃった）

....

③ I'm looking for a <u>post</u>.（〔郵便〕ポストを探しています）

....

④ I want to be as <u>smart</u> as you.（あなたと同じくらいスマートになりたいわ）

....

⑤ He <u>has a mother complex</u>.（彼はマザコンだ）

....

⑧ His gags are <u>one pattern</u>.（彼のギャグはワンパターンだ）

① 【flea】「フリーマーケット」の日本語訳は「蚤 (flea) の市」。free market だと「無料の市場（？）」と誤解されます。なお，「フリーダイヤル」は toll-free number（使用料がかからない電話番号）と言います。

② 【mechanical】sharp pencil は「先のとがった鉛筆」。mechanical は「機械で動く」の意味です。ちなみに「ボールペン」は ball-point pen,「サインペン［マジック］」は felt(-tip) pen と言います（33頁参照）。

③ 【maibox】post は「郵便（物）」。動詞なら「投函する」の意味です。郵便ポストや家の郵便受けは mailbox。電子メールのメールボックスも mailbox（または e-mail box）です。

④ 【slim】英語の smart は「利口な，頭が切れる」の意味で，smart student（賢い生徒）のように使います。「（体つきが）ほっそりしている」という意味なら slim や slender を使いましょう（299頁参照）。

⑤ 【is a mama's boy】母親に対する Oedipus complex, 父親に対する Electra complex という精神分析の用語はありますが，「彼はマザコンだ」は He is a mama's [mother's] boy. が一般的な言い方です（275頁参照）。

⑥ 【corny】one pattern（1つの形式）では意味をなしません。corny は「古臭い，陳腐な，ださい」の意味。そのほか worn-out（使い古した），stale（新鮮さのない），stereotyped（型にはまった）なども使えます。

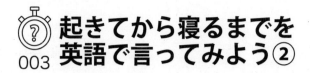
起きてから寝るまでを英語で言ってみよう②

●下線部は英語としては誤り(またはあまり一般的でない言い方)です。より適切な語句に直してください。

① My car slipped on the icy road.(凍結した道路で車がスリップした)

....

② The front glass of my car cracked.(車のフロントガラスにひびが入った)

....

③ There's a silver seat over there.(向こうにシルバーシートがあります)

....

④ Let's go to the game center.(ゲームセンターへ行こう)

....

⑤ Have you ever ridded that jet coaster?(あのジェットコースターに乗ったことがあるかい?)

....

⑥ Let's play trump.(トランプをしようよ)

① 【skidded】人間が氷の上ですべって転ぶような場合は slip を使いますが、車が「横滑りする」は skid で表します。

② 【windshield】前述したように、フロントガラスに当たる英語は windshield（風防〔ガラス〕）。自動車関連では、ハンドル（〔steering〕wheel）、ナンバープレート（license plate）、バックミラー（rearview mirror）、サイドブレーキ（parking brake）なども和製英語です。

③ 【priority seat】「シルバーシート」は和製英語。「優先 (priority) の座席」と表現すれば通じます。

④ 【game arcade】単に arcade でもＯＫ。またゲームセンターにはテレビゲームを置いてあるので video arcade とも言います。ゲームセンターにあるゲーム（機）は arcade game です。

⑤ 【roller coaster】「ジェット機」は jet (air)plane ですが、jet は「噴射」という意味。コースターには roll（転がる）を使います。

⑥ 【cards】trump は「切り札」。「トランプをする」は play cards と言います。

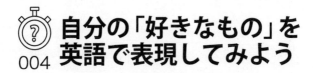

自分の「好きなもの」を英語で表現してみよう

● 下線部は英語としては誤り（またはあまり一般的でない言い方）です。より適切な語句に直してください。

① I love the <u>vocal</u> of the rock band.（そのバンドのボーカルが大好きです）

② The TV <u>talent</u> is popular among young girls.（そのテレビタレントは若い女性に人気がある）

③ I belong to the local tennis <u>circle</u>.（私は地元のテニスサークルに所属しています）

④ I have Ichiro's <u>sign</u>.（私はイチローのサインを持っています）

⑤ He is a car <u>mania</u>.（彼はカーマニアだ）

⑥ I want to take lessons on a <u>man-to-man</u> basis.（私はマンツーマンのレッスンを受けたい）

⑦ My sister is a <u>cheer girl</u> in high school.（妹は高校でチアガールをしている）

① 【vocalist】vocal は「声の」という意味の形容詞。歌手は vocalist で，singer も使えます。

② 【personality】talent は「才能」の意味で使うのが一般的。「芸能人」の意味なら entertainer も使えます。

③ 【club】circle は「円」。「テニスサークル」は tennis club（テニスクラブ）と言わないと通じません。

④ 【autograph】sign は「（契約書などに）署名する」の意味で，その名詞形は signature。有名人の「サイン」はすでに触れたように autograph と言います。

⑤ 【maniac】mania は「熱中」。日本語のマニア［熱中している人］に当たる語は maniac です。

⑥ 【one-to-one】たとえばバスケットボールの用語には man-to-man defense（1 対 1 の防御）という表現がありますが，授業などには one-to-one を使います。

⑦ 【cheerleader】cheerleader は「声援の指導者」ということ。「チアガール」は和製英語です。

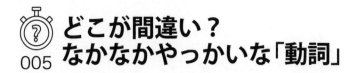

どこが間違い？なかなかやっかいな「動詞」
005

●下線部を正しい語句に直してください。

① Shall I <u>boil</u> coffee?（コーヒーをわかしましょうか）

② I <u>enter</u> a bath every other day in winter.（冬は1日おきにお風呂に入ります）

③ This is the first time I <u>fly</u>.（飛行機に乗るのはこれが初めてです）

④ <u>Drink</u> a pill every six hours.（6時間ごとに1粒〔の薬〕を飲んでください）

⑤ My son still can't <u>drive</u> a bicycle.（うちの息子はまだ自転車に乗れません）

⑥ He is out now. May I <u>hear</u> a message?（彼は今外出中です。伝言をうかがいましょうか）

⑦ Why don't we <u>open</u> a welcome party for him?（彼のために歓迎会を開くのはどう？）

① 【make】boil は「沸騰させる，ゆでる」の意味。「コーヒー［お茶］をわかす［入れる］」は make coffee [tea] です。またすでに取り上げましたが，「お風呂をわかす」は boil a bath ではなく get a bath ready（お風呂を用意する）と表現します。

② 【take】enter は場所などの中に入る場合に使い，「入浴する」は take [have] a bath で表します。「シャワーを浴びる」は take [have] a shower です。

③ 【have flown】「今回が私が今までに飛んだことのある最初です」と考えて，〈経験〉を表す現在完了形を使います。fly の過去形は flew，過去分詞は flown です。

④ 【Take】水薬なら drink も使えますが，「薬を服用する」は take で表します。

⑤ 【ride】drive（運転する）は車などに使い，自転車・馬・ジェットコースターなどに「乗る」は ride で表します。

⑥ 【take】「伝言を受け取る」は take a message と言います。「伝言をお願いできますか」と相手に頼むときは May I leave a message? を使います。

⑦ 【have】open は「（ドア・店・本などを）開く」の意味。「パーティーを開く」は have [give, hold] a party と言います。

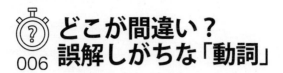

どこが間違い？
006 誤解しがちな「動詞」

● 下線部を正しい語句に直してください。

① I <u>do jogging</u> in the park every Sunday.（毎週日曜日には公園でジョギングします）

....

② I <u>polish</u> my teeth after every meal.（私は毎食後に歯を磨きます）

....

③ The phone's ringing. Will you <u>receive</u> it?（電話が鳴っているわ。出てくれる？）

....

④ Everyone <u>advices</u> me to lose weight.（みんなが体重を減らすようぼくに忠告する）

....

⑤ That restaurant has <u>decreased</u> customers.（あのレストランはお客が減った）

....

⑥ Have you ever <u>gone</u> to Europe?（ヨーロッパへ行ったことがありますか？）

334

1 【jog】joggingはjog（ジョギングする）という動詞に-ingを加えて名詞にしたものです。

2 【brush】「靴を磨く」はpolish shoesですが,「歯を磨く」はbrush one's teethと言います。brushは「ブラシ（をかける）」の意味です。

3 【answer[get]】「電話に出る」はanswer a phone（電話に答える）と表現します。「受話器を取る」はpick up a receiverです。

4 【advises】adviceは「忠告」（名詞），adviseは「忠告する」（動詞）。形が似ているので混同しないように。なお，adviseは「アドバイズ」と読みます。

5 【lost】decreaseは「減少する［させる］」の意味で，元の文だとレストランが意図的に客を減らしたという響きになります。「客を失った(lost)」と表現するのが適切です。

6 【been】「〜へ行ったことがある」は〈have been to 〜〉で表します。〈have gone to 〜〉は「〜へ行ってしまった（もうここにはいない）」という意味です。

どこが間違い？「形容詞」「副詞」の"落とし穴"①

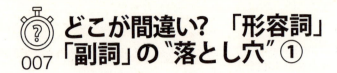

● 下線部を正しい語句に直してください。

① I prefer green tea to <u>red</u> tea.（私は紅茶より緑茶の方が好きです）

② Is this seat <u>free</u>?（この席は空いていますか）

③ I took the <u>different</u> train.（違う電車に乗っちゃった）

④ How <u>much</u> is the population of this city?（この市の人口はどれくらいですか）

⑤ Is there <u>an old</u> bookstore near here?（この近くに古本屋はありますか）

⑥ My salary is a bit <u>cheaper</u> than his salary.（ぼくの給料は彼の給料よりちょっと安い）

⑦ <u>Are you convenient</u> this Friday?（今週の金曜日は都合がいいですか？）

① 【black】「紅茶」は black tea（27 頁参照）。ただし，この文のように他の種類のお茶と対比するとき以外は，単に tea と言うのが普通です。

② 【taken】taken は「占有されている」ということ。free だと「無料ですか」の意味に誤解されそうです。特急列車などの「自由席」は non-reserved seat（予約されていない席）と言います。

③ 【wrong】前述のとおり，電話で「番号をお間違えです」は You have the wrong number. と言います。これと同様に，事実などが「間違っている」という意味は wrong で表します。

④ 【large】population（人口）の大小は large と small で表します。「大きな数」を a large number と言うのと同じです。

⑤ 【a used [secondhand]】an old bookstore だと「(建物が) 古い本屋」と誤解されます。「中古(品)の本屋」と表現しましょう。

⑥ 【lower】income（収入），price（値段），salary（給料）などの額の大小は，high と low で表します。たとえば「安い値段」は a low price であり，a cheap price ではありません。

⑦ 【Is it convenient for you】convenient（都合がいい）は人間を主語にできません。その場の状況を漠然と表す it を主語にして表現しましょう。Is this Friday convenient for you? とも言えます。

どこが間違い?「形容詞」「副詞」の"落とし穴"②

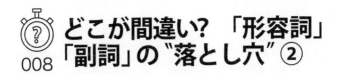

● 下線部を正しい語句に直してください。

① How <u>long</u> does the game start?（試合はあとどのくらいで始まりますか？）

② How <u>long</u> is this shop open?（この店は何時まで営業していますか）

③ I heard the news <u>last</u> evening.（その知らせはきのうの晩に聞きました）

④ It rained <u>very much</u> last night.（ゆうべ大雨が降りました）

⑤ If you don't go, I won't, <u>too</u>.（君が行かないのなら、ぼくも行かないよ）

⑥ Who's your <u>most favorite</u> singer?（あなたが一番好きな歌手は誰？）

⑦ I'm a <u>shallow</u> sleeper.（私は眠りが浅い）

① 【soon】「あとどのくらいで〜」と尋ねるときは，How soon 〜? を使います。

② 【late】「どのくらい遅く(late)まで」と表現します。How long だと「営業を始めてからどのくらいになりますか」と誤解されそうです。

③ 【yesterday】last Sunday（この前の日曜日）のようには言いますが，「きのうの朝［晩］」は yesterday morning [evening] で表します。「明日の午後」なら tomorrow afternoon です。

④ 【heavily】「大雨」は heavy rain, 「大雨が降る」は It rains heavily. と言います。

⑤ 【either】「〜もまた…ではない」という場合は，否定文の後ろに either を加えて表します。too は使いません。

⑥ 【favorite】favorite はそれ自体が「一番好きな」という意味を含む語なので，普通は最上級にはしません。ただし，好きな歌手を何人か挙げた後で，「その中で一番好きなのは〜」と言うときは most favorite も使います。

⑦ 【light】この場合の「浅い」は「軽い」と表現します。「私は熟睡するたちだ」は I'm a heavy sleeper. です。

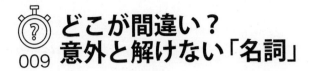

どこが間違い？
意外と解けない「名詞」

●下線部を正しい語句に直してください。

① Give me a <u>drive</u> to the station.（駅まで車に乗せてよ）

....

② Do you do any <u>sports</u>?（何か運動をしていますか）

....

③ My <u>company</u> is near Yokohama Station.（私の会社は横浜駅の近くにあります）

....

④ Be careful of your <u>body</u> during your trip.（旅行中は体に気をつけなさい）

....

⑤ I'll take a day <u>vacation</u> next week.（来週は1日休みを取ります）

....

⑥ I have <u>two toasts</u> for breakfast.（私は朝食にトーストを2枚食べます）

1 【ride】「~を車に乗せてやる」は〈give ~ a ride [lift]〉と言います。

2 【exercise】たとえばウォーキングは exercise（運動）ですが sport（スポーツ）ではないので、この文では exercise を使うのがベターです。なお exercise は数えられない名詞なので、複数形にはできません。

3 【office】company は組織としての会社の意味であり、会社の建物は office で表すのが普通です。

4 【health】この文で言う「体」とは、body（肉体）ではなく health（健康）のこと。「体に気をつけなさい」は Take care of yourself. とも言います。

5 【off】「休暇を取る」は take a vacation ですが、「1 日 [2 日] 休む」は take a day [two days] off と言います。

6 【two slices of toast】toast は bread（パン）と同様に数えられない名詞。「1 枚のトースト」は a slice of toast です。

どこが間違い？なぜか解けない「名詞」
010

●下線部を正しい語句に直してください。

① Don't poke your <u>face</u> out of the window.（窓から顔を出してはいけません）

② I have <u>three jeans</u>.（私はジーンズを3本持っています）

③ Can I use <u>this scissors</u>?（このはさみを使ってもいいですか）

④ She had a <u>boy baby</u> last week.（彼女は先週男の子を出産しました）

⑤ He bought me an <u>engage ring</u>.（彼は私に婚約指輪を買ってくれました）

⑥ I'd like to ask you for some <u>wisdom</u>.（あなたのお知恵を拝借したいのですが）

⑦ Let's rest under the <u>shadow</u> of that tree.（あの木陰で休もう）

① 【head】 face は顔の表面のこと。この文では「頭を出してはいけない」と表現するのが適切です。

② 【three pairs of jeans】 2つの部分がセットになっているものは〈a pair of ～〉で数えます。たとえば「1足の靴」は a pair of shoes です。

③ 【these scissors】 物としては1つであっても，scissors は複数形なので前には these を置きます。「このはさみは私のです」は These scissors are [×is] mine. と言います。

④ 【baby boy】「男［女］の赤ちゃん」は baby boy [girl] が一般的な言い方。なお，She gave birth to a baby boy. とも言いますが，「赤ちゃんを生む」は have a baby で表すのが普通です。

⑤ 【engagement ring】 日本語では「エンゲージ・リング」と言いますが，engage は「～を婚約させる」という動詞。「婚約」は engagement です。「私は彼と婚約した」は I got engaged to him. と言います。

⑥ 【advice】「知恵」の直訳は wisdom ですが，〈ask A for B〉（A に B を求める）の形に適合するのは advice（忠告）。

⑦ 【shade】 shadow は「影」で，物の形をした暗い部分のこと。「陰」（光が当たらない部分）は shade で表します。

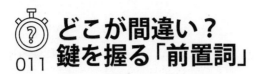

どこが間違い？
鍵を握る「前置詞」

●下線部を正しい語句に直してください。

① I'll be back <u>after</u> a few minutes.（2, 3分で戻ります）

② The game starts <u>from</u> six thirty.（試合は6時半から始まります）

③ I'll be busy <u>in</u> Monday morning.（月曜日の朝はとても忙しくなりそうだ）

④ Don't use your smartphone <u>in</u> eating.（食事中にスマホを使ってはいけません）

⑤ This room is about the same size <u>of</u> mine.（この部屋は私の部屋とほぼ同じ大きさです）

⑥ I went to a concert <u>on the last Friday</u>.（先週の金曜日にコンサートに行ったよ）

⑦ I want to study <u>in abroad</u>.（私は留学したい［外国で勉強したい］）

1 **【in】**「今から〜後に」は after ではなく in で表します。過去や未来の時点が基準のときは after が正しく,「彼は数分で戻って来た」なら He came back after a few minutes. です。

2 **【at】** start [begin]（始まる）の後ろに from を置くことはありません。この文では「6時半に始まる」と考えて at を使います。

3 **【on】**「朝［午前中］に」は in the morning ですが,「特定の日の朝に」と言うときは on を使います。

4 **【while】** while (you are) eating（あなたが食べている間に）の短縮形です。in を「〜しているとき」の意味で使うことはできません。

5 **【as】**〈the same 〜 as ...〉の形で「…と同じ〜」という意味を表します。

6 **【last Friday】** this（今度の），last（この前の），next（次の）などを使って時を表す表現では，前置詞も冠詞も必要ありません。たとえば「来週来ます」は I'll come next week. です。

7 **【abroad】** abroad は「外国で［へ］」という意味の副詞なので，go abroad（外国へ行く）と同様に to はつけません。

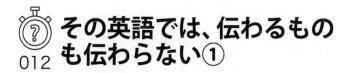

その英語では、伝わるものも伝わらない①

●下線部を正しい語句に直してください。

① My opinion is different from <u>you</u>. (ぼくの意見は君とは違う)

② This coffee is <u>so</u> hot to drink. (このコーヒーは熱くて飲めない)

③ Please call me <u>if</u> you get to the hotel. (ホテルに着いたら電話をください)

④ I like soccer <u>than</u> baseball. (ぼくは野球よりサッカーの方が好きだ)

⑤ My cell phone got broken, so I have to buy <u>it</u>. (携帯電話が壊れたから,買わなくちゃ)

⑥ We're out of eggs. Go and get <u>it</u>. (卵がなくなっちゃった。買って来てよ)

⑦ Can I borrow <u>this your bicycle</u>? (この君の自転車を借りてもいいかい?)

1 【yours】比べるのは my opinion と your opinion なので，後者を yours（あなたのもの）で表します。

2 【too】直訳は「このコーヒーは飲むには熱すぎる」。This coffee is so hot that I can't drink it. と言い換えられます。

3 【when】状況的に考えて相手は必ずホテルに着くのだから，「もし着いたら」ではなく「ホテルに着いたとき」と考えて when を使います。

4 【better than】than（〜よりも）は，形容詞・副詞の比較級とともに使います。〈like A better than B〉で「B より A の方が好きだ」の意味です。

5 【one】one は a cell phone の意味。it だと「その（壊れた）電話を買う」というおかしな意味になります。

6 【some】it だと特定の卵を 1 つ買うことになるので不自然。some eggs（いくつかの卵）の意味で some を使います。

7 【this bicycle (of yours)】a，the，this などを所有格の前に置くことはできません。たとえば「私の友人の 1 人」は a my friend ではなく a friend of mine と言います。ただしこの文では，this bicycle の後ろの of yours は省略できます。

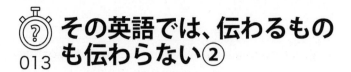

その英語では、伝わるものも伝わらない②

●日本語の意味を表す正しい文に直してください。

① Don't late for the meeting.（会議に遅れないようにね）

② Brush your teeth before go to bed.（寝る前に歯を磨きなさい）

③ Let's go to shopping after lunch.（昼食の後で買い物に行きましょう）

④ If it rains tomorrow, we don't play tennis.（明日もし雨が降ったら、私たちはテニスをしません）

⑤ I don't understand what you say.（君の言うことが理解できないんだけど）

⑥ My dream is a soccer player.（私の夢はサッカー選手です）

⑦ Do you have a brother?（兄弟はいますか）

① 【Don't be late for the meeting.】命令文には動詞が必要。late は形容詞なので，前に be を入れます。

② 【Brush your teeth before going to bed.】… before you go to bed. でもかまいません。before を「〜の前に」（前置詞）として使うなら後ろは〜 ing 形，「〜する前に」（接続詞）として使うなら後ろは文の形にします。

③ 【Let's go shopping after lunch.】〈go +〜 ing〉で「〜しに行く」という意味。「スキー［釣り］に行く」は go skiing [fishing] です。

④ 【If it rains tomorrow, we won't play tennis.】未来のことは will を使って表します（will not の短縮形は won't）。we don't play tennis だと「私たちはテニスをする習慣を持たない」の意味になります。

⑤ 【I don't understand what you are saying.】「君が（今）言っていること」と考えて現在進行形（is saying）を使います。現在形（say）を使うと「君の言うことはいつも理解できない」という意味に解釈されます。

⑥ 【My dream is to become a soccer player.】「夢＝選手」とは言えません。「私の夢はサッカー選手になることだ」と表現します。

⑦ 【Do you have (any) brothers?】元の文は「兄［弟］が 1 人いますか」という不自然な質問です。相手の兄弟は何人いるかわからないので，複数形の brothers で尋ねるのが正解。

014 その言い方がトラブルの もとになる①

●**日本語の意味を表す自然な英文を１つ選んでください。**

1 お仕事は何ですか。
   ① What do you do?
   ② What's your job?

---

2 お名前は何ですか。
   ① Who are you?
   ② What's your name?
   ③ May I have [ask] your name, please?

---

3 日本語を話せますか。
   ① Can you speak Japanese?
   ② Do you speak Japanese?

---

4 メグと君は仲がいいね。
   ① Meg and you are good friends, aren't you?
   ② You and Meg are good friends, aren't you?

---

5 お茶のおかわりをいかがですか。
   ① Would you like some more tea?
   ② Would you like any more tea?

① 【①】What's your job? は「君の仕事は何だ」という感じのぶしつけな言い方。「(仕事として) 何をしていますか」と尋ねましょう。

② 【③】Who are you? は「お前は誰だ」という尋問口調の問いなので使わないように。What's your name? は仲間内のパーティーなどで知り合った人などに対しては使えますが、③が最もていねいな言い方です。

③ 【②】たとえば旅行先で買い物をするとき、店員に Can you speak Japanese? と言うと「あなたは日本語を話す能力を持っていますか」のように響く可能性があるので、現在形を使って「あなたは (習慣的に) 日本語を話しますか」と表現するのがベターです。

④ 【②】複数の人を and で結びつけるときは、相手に敬意を表して you を前に置くのが基本です。you and I (あなたと私) を I and you と言ったりしないように注意しましょう。

⑤ 【①】②は「もっとお茶がほしいですか、それともいりませんか?」という感じで、相手に失礼です。①のように疑問文で some を使うと、イエスの答え(「はい、いただきます」)を想定した尋ね方になります。たとえば You haven't forgotten anything? は「忘れ物は何もないわね?」と確認する言い方ですが、Aren't you forgetting something? は「何か (大事なことを) 忘れてるんじゃないの?」と相手に注意する表現です。

015 その言い方がトラブルのもとになる②

●日本語の意味を表す自然な英文を1つ選んでください。

① 手伝っていただけますか。
　① Will you help me?
　② Would you help me?

② 医者にみてもらう方がいいよ。
　① You should see a doctor.
　② You had better see a doctor.

③ あの太った人があなたのお父さんですか？
　① Is that fat man your father?
　② Is that stout man your father?

④ お年寄りには席を譲りなさい。
　① Offer your seat to old people.
　② Offer your seat to elderly people.

⑤ 彼女は障害者の世話をしています。
　① She looks after disabled people.
　② She looks after the disabled.

① 【②】①は「手伝ってよ」という感じの表現で，主に親しい間柄で使います。あまり親しくない人には，Would [Could] you (please) ～？（～していただけますか）を使いましょう。

② 【①】「君は～する方がいい」は，You should ～で表すのが無難です。You had better ～は「～する方がいい，さもないとどうなっても知らないぞ」という脅迫と受け取られるおそれがあります。

③ 【②】fat（太っている）は直接的すぎるので，男性なら stout（恰幅がいい），女性なら plump（ふっくらしている）などを使う方が穏当に響きます。

④ 【②】「老人」を old people と表現するのは，少しストレートすぎます。elderly（年配の）や aged（高齢の）などを使いましょう。senior citizens（高齢者）という言い方もあります。

⑤ 【①】〈the ＋形容詞〉は「～な人々」の意味を表すので，the disabled は「障害を持つ人々（disabled people）」です。しかし the disabled という言い方は差別的に響くので，①がベターです。障害者は handicapped people とも言いますが，これも言葉の響きが悪いので，今日では disabled や challenged（主にアメリカ英語）を使うのが普通です。

016 どちらが自然な言い回しか わかりますか？

●日本語の意味を表す適切な英文を１つ選んでください。

1. どちらのご出身ですか
   ① Where do you come from?
   ② Where did you come from?

....

2. 球場までの道順を教えてもらえますか。
   ① Could you tell me how to go to the ballpark?
   ② Could you tell me how to get to the ballpark?

....

3. どうかしたの？
   ① Is anything wrong?　　② What's wrong?

....

4. 何か日本語を知っていますか。
   ① Do you know any Japanese?
   ② Do you know any Japanese words?

....

5. 弟は私ほど背が高くありません。
   ① My brother isn't taller than me.
   ② My brother isn't as tall as me.

① 【①】②のように過去形を使うと「今までどこにいたの？」という意味に解釈されます。相手の出身地を尋ねる場合は, come from を現在形で使うか, Where are you from? と言います。

② 【②】get to ~（~に着く）を使った②が正解。①は道順を尋ねるのではなく「球場までどんな交通手段で行けばいいですか」という意味の問いになります。

③ 【①】①は「何か具合が悪いのですか」。Is there anything wrong (with you)? とも言います。②は「何［どこ］の具合が悪いのですか」。具合が悪いかどうかを聞きたいときは①を, 具合が悪いところを具体的に聞きたいときは②を使います。

④ 【②】Japanese は「日本の, 日本語, 日本人」。①は「誰か日本人の知り合いはいますか」と勘違いされそうです。②のように「日本語の単語 (words)」と言えば誤解が生じません。

⑤ 【②】〈not + as ~ as ...〉は「…ほど~ではない」。したがって②は「弟は私より背が低い」という意味になります。一方①は「弟は私より背が高いわけではない」で, 二人の身長が同程度の可能性もあります（しばしばその意味に解釈されます）。

017 誤解をまねく言い方はどっち？①

●日本語の意味を表す「普通の言い方」を1つ選んでください。

① はじめまして。
  ① How do you do?
  ② Nice to meet you.

② すみません，よく聞こえなかったのですが。
  ① Excuse me?
  ② Pardon?

③ 趣味は何ですか。
  ① What's your hobby?
  ② What do you do in your free time?

④ 私は日本人です。
  ① I'm Japanese.
  ② I'm a Japanese.

⑤ コーヒーをください。
  ① Coffee, please.
  ② Give me a coffee, please.

① 【②】①はフォーマルな言い方で，日常的には②の方が普通の言い方です。

② 【①】②はよく知られた表現ですが，①の方が普通の言い方。Sorry? でもかまいません。親しい間柄なら What?（何だって？）とも言います。なお，「もう一度言ってください」のつもりで Once more [again]. と言うと命令口調に響くので注意。

③ 【②】①が好ましくないのは，相手が（1つの）趣味を持っていることを前提とした尋ね方だからです。趣味を持たない人もいるし，趣味は1つとは限らないので，Do you have any hobbies?（あなたは趣味を〔いくつか〕持っていますか）の方が自然です。ただし英語の hobby は楽器・絵画・園芸・コレクションなどの積極的な知的活動を表すので，「余暇に何をしますか」と尋ねたいときは②を使うのがベターです。

④ 【①】Japanese は名詞なら「日本人」，形容詞なら「日本（人）の」ですが，「私は日本人だ」は形容詞を使って I'm Japanese. と言うのが普通です。同様に「彼の奥さんはアメリカ人だ」なら His wife is American. です。

⑤ 【①】②は間違いではありませんが，give は「無料で与える」の意味なので，お店で注文するときは①の方が普通の言い方です。また，「ぼくはコーヒーね」のつもりで I'm coffee. と言う間違いも時に聞かれますが，これだと「私はコーヒーです」というおかしな意味になってしまいます。

誤解をまねく言い方はどっち？②
018

● **日本語の意味を表す「普通の言い方」を1つ選んでください。**

① ハンバーガーを2つください。
　① Hamburger two, please.
　② Two hamburgers, please.

② 今夜は外で食事をしよう。
　① Let's go out for supper.
　② Let's go out for dinner.

③ 今日はいい天気だね。
　① It's fine, isn't it?
　② It's a nice day, isn't it?

④ 自転車を盗まれた。
　① My bike was stolen.
　② I had my bike stolen.

⑤ 私は犬が大好きです。
　① I like a dog very much.
　② I like dogs very much.

① 【②】「2つのハンバーガーをください」の意味を表す②が正しい言い方。①だと hamburger が単数形なので,「ハンバーガーも1つください（A hamburger too, please.）の意味に誤解されてしまいます。

② 【②】dinner は一日の最も重要な食事で,夜にとるとは限りません。昼食が dinner のときは,夕食は supper です。したがって supper は主に家で取る比較的軽い夕食を言い,出かけて食べる（豪華な）夕食には dinner を使うのが自然です。

③ 【②】fine（よい）はさまざまな状況で使うので,①だと必ずしも「天気がいい」という意味にはなりません。特にアメリカ英語では,「天気がいい」は nice, fair, beautiful, sunny などで表すのが一般的です。

④ 【①】②の形は学校のテストによく出ますが,①や Someone stole my bike. の方が普通です。同様に「バスの中で足をふまれた」は,I had my toe stepped in the bus. よりも Someone stepped on my toe in the bus. の方が一般的な言い方です。

⑤ 【②】「犬一般が好きだ」と言うときは,複数形の dogs を使います。I like a dog. は「私はある1匹の犬が好きだ」,I like the dog(s). だと「私はその犬（たち）が好きだ」の意味になります。なお,数えられない名詞のときは I like music.（私は音楽が好きだ）のように言います。

019 お金について、英語で話をしてみよう

●空所に入る適切な語を下から1つ選んでください。

① I'm always (　) of money.（ぼくはいつも金欠だ）
　① poor　② short　③ sick　④ loss

② My aunt is a little (　).（おばはちょっとケチです）
　① tiny　② trivial　③ tricky　④ tight

③ I often buy goods by mail (　).（私はよく通販で商品を買います）
　① sale　② order　③ catalog　④ business

④ I bought this used camera for a (　).（この中古品のカメラは二束三文で買った）
　① song　② change　③ kid　④ finger

⑤ The two stores are carrying on a price (　).（その2つの店は値引き競争をしている）
　① tag　② fight　③ race　④ war

⑥ I'm (　) my ears in debt.（私は借金で首が回らない）
　① without　② out of　③ far from　④ up to

1 【②】〈be short of ～〉で「～が足りない」という意味を表します。この意味の short の名詞形が shortage（不足）です。

2 【④】tight は「〈結び目などが〉固い」から転じて「ケチだ」の意味。日本語の「締まり屋だ」と同じ発想です。

3 【②】「通信販売で」は「郵便の注文で」と表現します（29 頁参照）。

4 【①】song は「はした金」という意味のくだけた表現。for a song で「格安で」という意味になります。

5 【④】price war の直訳は「値段（の）戦争」です。

6 【④】I'm in debt.（借金に浸かっている）＋ up to my ears（耳のところまで）ということ。ears の代わりに neck を使うこともあります。

020 「からだ」の状態について、英語で話してみよう

●空所に入る適切な語を下から1つ選んでください。

① I'm out of (　　) these days.（最近体調が悪い）
　① sort　② health　③ shape　④ suit

② I feel my head (　　).（頭がくらくらする）
　① swim　② slip　③ fall　④ swing

③ Don't (　　) yourself too hard.（あまり体を酷使してはいけない）
　① use　② run　③ spend　④ drive

④ I got (　　) tired after running.（走った後でひどく疲れた）
　① flat　② closely　③ almost　④ dead

⑤ My legs have fallen (　　).（足がしびれちゃった）
　① dead　② still　③ asleep　④ behind

⑥ (　　) your nose.（鼻をかみなさい）
　① Blow　② Clean　③ Breathe　④ Burst

① 【③】shape の原義は「形」ですが，口語では「状態，体調」の意味でも使います。in shape は「調子がいい」，out of shape は「調子が悪い」です。

② 【①】swim には「泳ぐ」のほかに「目まいがする，頭がくらくらする」という意味があります。

③ 【④】drive はこの文では「駆り立てる」の意味。名詞のときは disk drive のように「駆動装置」の意味にもなります。

④ 【④】dead には「全く，完全に」の意味があります。日本語の「死ぬほど疲れた」と同じ発想です。He is dead drunk. なら「彼は泥酔している」という意味になります。

⑤ 【③】fall aleep は「寝付く」から転じて「（手足が）まひする」という意味でも使います。

⑥ 【①】blow は「吹く」ですが，〈blow one's nose〉で「鼻をかむ」の意味になります。

021 「お酒」の席にまつわること、英語で話してみよう

●空所に入る適切な語を下から1つ選んでください。

1 Let's have a drink for a (　　). (息抜きに1杯やろう)
　① middle　② change　③ shift　④ breath

2 The night is still (　　). (まだ宵の口じゃないか)
　① slow　② small　③ alive　④ young

3 I'm (　　) for a cold beer. (冷たいビールが飲みたくてたまらない)
　① wanting　② looking　③ dying　④ missing

4 This beer is (　　). (このビールは気が抜けている)
　① flat　② dead　③ weak　④ cool

5 We (　　) three bars last night. (ゆうべは3軒飲み歩いた)
　① hit　② punched　③ struck　④ attacked

6 I'm on the (　　) now. (今, 禁酒してるんだ)
　① bottle　② table　③ neck　④ wagon

① 【②】for a change は「気分転換のために」の意味。

② 【④】「夜はまだ若い」と表現します。帰ろうとする人を引き止めるときに使う表現です。

③ 【③】すでに触れたように，〈be dying for 〜〉は「〜を求めて死にかけている→〜がほしくてたまらない」ということ。

④ 【①】flat は「平らな」から転じて「味気ない，（ビールの）泡が立たない」の意味でも使います。

⑤ 【①】hit はもともと「打つ」の意味ですが，日常会話ではさまざまな名詞と結びつけて使います。たとえば hit the road は「出発する」，hit the books は「熱心に勉強する」，hit the sack は「床につく」という意味です。

⑥ 【④】on the (water) wagon は日常会話では「禁酒している」という意味で使います。給水車に乗っているときは水しか飲めなかったことからきた来た表現です。

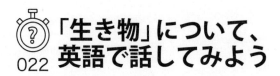

「生き物」について、英語で話してみよう

●空所に入る適切な語を下から1つ選んでください。

① Look! There's a (　) of fish.（見て！魚の群れがいるよ）
　① stock　② mass　③ school　④ crowd

② The cherry blossoms are at their (　) now.（桜の花が満開だ）
　① best　② bloom　③ open　④ season

③ I listened to the lark's (　).（私はヒバリのさえずりに耳を傾けた）
　① voices　② cry　③ noises　④ songs

④ The water in the fishbowl is (　).（金魚鉢の水が濁っている）
　① dark　② poor　③ slow　④ cloudy

⑤ I was (　) by a mosquito.（蚊にくわれた）
　① eaten　② beaten　③ bitten　④ touched

⑥ The tiger belongs to the cat (　).（トラはネコ科に属する）
　① piece　② family　③ sort　④ class

① 【③】「群れ」を表す語は動物の種類によって決まっており，たとえば牛の群れは a herd of cattle，鳥の群れは a flock of birds と言います。魚の群れは a school of fish です。

② 【①】「満開だ」は be in full bloom とも言いますが，この文では at one's best（最盛期だ）という表現を利用します。

③ 【④】鳥の「さえずり」は song。「鳥たちがさえずっている」は Birds are singing. と表現できます。

④ 【④】cloudy（曇っている）は「（水などが）濁っている」という意味でも使います。

⑤ 【③】bite（かむ）の過去分詞 bitten が正解。「ハチに刺された」は I was stung by a bee. と言います。stung は sting（刺す）の過去分詞です（261頁参照）。

⑥ 【②】生物の分類で，「科」は family と言います。

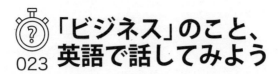

「ビジネス」のこと、英語で話してみよう

023

●空所に入る適切な語を下から1つ選んでください。

① (　) are getting better. （景気がよくなってきた）
　① Scenes　② Society　③ Times　④ Economics

② My uncle (　) a coffee shop. （おじは喫茶店を経営している）
　① goes　② passes　③ carries　④ runs

③ I'll (　) a want ad in the newspaper. （新聞に求人広告を出すつもりだ）
　① go　② run　③ set　④ push

④ He got (　) in the stock deal. （彼は株取引で大損した）
　① hurt　② injured　③ burned　④ tired

⑤ We won the (　) for damages. （私たちは損害賠償の訴訟に勝った）
　① race　② fight　③ bill　④ suit

⑥ Money (　) in politics. （政界では金が物を言う）
　① speaks　② talks　③ tells　④ says

① 【③】英語には「景気」に当たる言葉がないので,「時勢（times）がよくなってきた」と表現します。business（商況）を使って Business is picking up.（景気が回復している）とも言えます。

② 【④】run は「走らせる→（会社や店などを）経営する」という意味で使えます。同意語は manage で,その派生語が manager（経営者）です。

③ 【②】run an ad で「広告を出す」の意味。ad は advertisement（広告）を短くした語です。

④ 【③】get burned は「やけどする」から転じて「痛い目にあう,（投資などで）大損する」の意味でも使います。

⑤ 【④】suit には「（衣類の）スーツ」のほかに「訴訟（lawsuit）」の意味もあります。damages（損害賠償）にも注意。

⑥ 【②】Money talks.（金が物を言う）は決まり文句。「私の愛はお金では買えない」は Money can't buy my love. と表現できます。

024 どんな話題も、英語で話ができるんです①

●空所に入る適切な語を下から1つ選んでください。

1 I had my fortune (   ).（占いをしてもらった）
　① written　② shown　③ known　④ told

2 I carry a (   ) in my wallet.（サイフにお守りを入れているんだ）
　① case　② pet　③ charm　④ portion

3 We (   ) up all night playing mahjong.（私たちは徹夜で麻雀をした）
　① stood　② sat　③ watched　④ spent

4 My costume made a (   ) at the party.
（ぼくの衣装はパーティーでウケた）
　① joy　② hit　③ boom　④ fun

5 Hold (   ) while I take your photo.（写真を撮る間，動かないで）
　① still　② cool　③ quiet　④ stop

6 The film isn't (   ) in my town.（その映画は私の町では上映していません）
　① seen　② showing　③ caught　④ covering

① 【④】〈tell ～ 's fortune〉で「～の未来を占う」。占い師は fortune-teller と言います。

② 【③】charm の一般的な意味は「魅力」ですが，もともとは「呪文，魔よけ」の意味がありました。lucky charm は「幸運のお守り」です。

③ 【②】sit [stay] up は「寝ずに起きている」の意味。「夜更かしする」は sit [stay] up late と言います。

④ 【②】ヒット曲（hit song）と同じ発想で，make a hit は「喜ばれる，ウケる」という意味を表します。

⑤ 【①】hold still は「静止した状態に保つ」。形容詞の still は「静止している」という意味です。

⑥ 【②】show は「（映画や劇が）上映［上演］される」という意味で使います。

025 どんな話題も、英語で話ができるんです②

●空所に入る適切な語を下から1つ選んでください。

1. Can you help me (　　) the tent?（テントを張るのを手伝ってくれる？）
   ① lay　② pitch　③ stand　④ prepare

2. This match won't (　　).（このマッチは火がつかない）
   ① fire　② burn　③ catch　④ strike

3. My eyes (　　) from smoke.（煙で目がチクチクする）
   ① smart　② spoil　③ stick　④ stock

4. The fish aren't (　　) today.（今日は釣れないな）
   ① catching　② eating　③ living　④ biting

5. Let's (　　) a kite together.（一緒に凧揚げをしよう）
   ① fly　② throw　③ raise　④ hold

6. I'm really (　　) golf.（私はゴルフに凝っている）
   ① with　② into　③ on　④ for

7. The game is on the (　　) now.（その試合は今放送されている）
   ① line　② screen　③ video　④ air

① 【②】「テントを張る」は pitch a tent と言います。「テントをたたむ」は fold up a tent です。

② 【④】「マッチをする」は strike a match（マッチを打つ）と言います。そこから strike は「（マッチが）点火する」という意味でも使います。

③ 【①】すでに取り上げたように，形容詞の smart は「利口だ」ですが，動詞の場合は「痛む，ひりひりする」という意味で使います。

④ 【④】bite の原義は「かむ」。釣りの用語では「（魚が）えさに食いつく」の意味です。なお，魚のえさは bait と言います。

⑤ 【①】「凧を揚げる＝凧を飛ばす」です。

⑥ 【②】into には「～に入り込んでいる→～に凝っている」という意味があります。

⑦ 【④】日本語の「オンエアされている」に当たる表現。英語では the をつけて on the air と言います（85 頁参照）。

そんなシンプルな言い方でよかったのか①

●空所に与えられた文字で始まる適切な語を入れてください。

① Don't (d   ) nails into the wall. （壁に釘を打ってはいけません）

② Don't leave the water (r   ). （水を出しっぱなしにしてはいけません）

③ This ladder is in the (w   ). （このはしごがじゃまだ）

④ Your shirt is (w   ) side out. （シャツが裏返しだよ）

⑤ I (r   ) at home on Sundays. （日曜日は家でゴロゴロしています）

⑥ I have little (p   ) money left for this month. （今月はほとんど小遣いが残っていない）

⑦ The fireworks display takes (p   ) this evening. （花火大会は今夜開かれる）

① 【drive】「釘を打ち込む」は drive a nail と言います。「釘を（引き）抜く」は pull out a nail です。

② 【running】run は「（水などが）流れる」の意味で使います。この文では〈leave ＋ A ＋〜 ing〉（A が〜しているままに放置しておく）という形を利用して running とします。

③ 【way】in the way は「道をふさいでいる→じゃまだ」という意味。Get out of the way!（そこをどけ！）などとも言います。

④ 【wrong】直訳は「君のシャツは間違った側が出ている」。

⑤ 【relax】roll だと文字通り回転していることになります。「リラックスして［くつろいで］いる」と表現しましょう。

⑥ 【pocket】「小遣い」は pocket money で表せます。

⑦ 【place】take place は「行われる（be held）」という意味の慣用表現。「起こる（happen）」の意味でも使います。

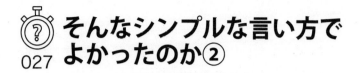

そんなシンプルな言い方でよかったのか②

●空所に与えられた文字で始まる適切な語を入れてください。

① She has (d   ) hair.（彼女は黒髪だ）

② My hair has a natural (w   ).（私の髪は天然パーマです）

③ My son still (w   ) his bed.（息子はいまだにおねしょをする）

④ Listen to me (c   ).（私の言うことをよく聞きなさい）

⑤ Is there anything you (n   )?（何か足りないものがありますか）

⑥ You never (l   ), do you?（君も懲りないね）

⑦ It could have been (w   ).（不幸中の幸いだ）

⑧ The lot (f   ) on me.（くじが当たった）

⑨ Luck is coming my (w   ).（つきが回ってきた）

① 【dark】白髪は white hair，白髪交じりの髪は gray hair，ごましお頭は salt-and-pepper [pepper-and-salt] hair と言います。また「黒い肌［目］」は dark skin [eyes] です。

② 【wave】wave は「波」ですが，髪のウェーブの意味でも使います。「ウェーブした髪」は wavy hair と言います。

③ 【wets】wet one's bed は「ベッドを濡らす→おねしょをする」という意味の表現です。

④ 【carefully】この場合の「よく」は「注意深く」と表現するのが適切です。

⑤ 【need】「足りないもの」→「あなたが必要とする何か」と言い換えましょう。

⑥ 【learn】日本語でも「君は学習しないね」と言いますね。

⑦ 【worse】「もっと悪くなっていたかもしれない（が実際はそうではなかった）」ということ。

⑧ 【fell】「くじが私の上に落ちた」と表現するのが英語流です。

⑨ 【way】「幸運が私の方へ来ている」ということ。「こちらへどうぞ」は Come this way, please. と言います。

028 そんなシンプルな言い方でよかったのか③

●空所に与えられた文字で始まる適切な語を入れてください。

① How long will this heat (l)?（この暑さはいつまで続きそうですか）

② I can't (s) this heat.（この暑さには耐えられない）

③ Can I (s) your umbrella?（傘に入れてもらってもいい？）

④ The snow (l) ten centimeters deep.（雪が10センチ積もった）

⑤ The pond is (f).（池に氷が張っている）

⑥ Let's have a (s) fight.（雪合戦をしよう）

⑦ The rainbow (a) in the sky.（空に虹が出た）

⑧ A star (s) across the sky.（星が空を横切って流れた）

1. 【last】動詞の last は「続く（continue）」の意味。lasting peace は「恒久平和」です。

2. 【stand】stand には「立つ」のほかに「～に耐える（bear）」の意味もあります。

3. 【share】直訳は「あなたの傘を分かち合ってもいいですか」。

4. 【lay】lie（横になる，ある）の過去形 lay を使います。形の紛らわしい lay（横にする，置く）の過去形は laid です。

5. 【frozen】「池が凍っている」と表現します。freeze（凍る）の過去形は froze，過去分詞は frozen。この文の frozen は「凍っている」という意味の形容詞です。

6. 【snowball】「雪玉の戦い」と表現します。「雪だるまを作る」は make a snowman です。

7. 【appeared】「空に虹が現れた」と表現します。「空に虹がかかっている」は There is a rainbow in the sky. と言えばＯＫです。

8. 【shot】「流れ星」は a shooting star。shoot には「〈星が〉流れる」の意味があり，過去形は shot です。

※本書は『1日1分！ 大人の英語力が面白いほど身につく！』(小社刊／2013年)、『中学英語で話せるちょっとしたモノの言い方』(同／2014年)を改題の上、再編集したものです。

著者紹介

小池直己／広島大学大学院修了。カリフォルニア大学ロサンゼルス校（UCLA）の客員研究員を経て、大学・大学院教授を歴任。現在は英語教育関連書籍の執筆を中心に幅広く活躍。『パラパラめくってペラペラ話せる英会話』（小社刊）『覚えておきたい基本英会話フレーズ130』（岩波書店）ほか著書多数。

佐藤誠司／東京大学文学部英文科卒業。広島県教育委員会事務局、私立中学・高校教諭などを経て、現在は（有）佐藤教育研究所を主宰。英語学習全般の著作活動を行っている。『佐藤誠司の英文法教室』（旺文社）『アトラス総合英語』（桐原書店）ほか著書多数。

1問1答　英語の発想がズバリわかる本

2019年2月1日　第1刷

著　者	小池直己 佐藤誠司
発行者	小澤源太郎
責任編集	株式会社 プライム涌光 電話　編集部　03(3203)2850
発行所	株式会社 青春出版社 東京都新宿区若松町12番1号☎162-0056 振替番号　00190-7-98602 電話　営業部　03(3207)1916

印刷・大日本印刷　　製本・ナショナル製本

万一、落丁、乱丁がありました節は、お取りかえします
ISBN978-4-413-11281-9 C0082
©Naomi Koike, Seishi Sato 2019 Printed in Japan

本書の内容の一部あるいは全部を無断で複写(コピー)することは著作権法上認められている場合を除き、禁じられています。

できる大人の大全シリーズ

誰も教えてくれなかった
お金持ち100人の秘密の習慣大全

㊙情報取材班［編］　ISBN978-4-413-11188-1

できる大人の
常識力事典

話題の達人倶楽部［編］

ISBN978-4-413-11193-5

日本人が知らない意外な真相！
戦国時代の舞台裏大全

歴史の謎研究会［編］　ISBN978-4-413-11198-0

すぐ試したくなる！
実戦心理学大全

おもしろ心理学会［編］

ISBN978-4-413-11199-7

できる大人の大全シリーズ

仕事の成果がみるみる上がる!
ひとつ上の
エクセル大全(たいぜん)

きたみあきこ

ISBN978-4-413-11201-7

「ひらめく人」の
思考のコツ大全(たいぜん)

ライフ・リサーチ・プロジェクト[編]

ISBN978-4-413-11203-1

通も知らない驚きのネタ!
鉄道の雑学大全(たいぜん)

櫻田 純[監修]

ISBN978-4-413-11208-6

「会話力」で相手を圧倒する
大人のカタカナ語大全(たいぜん)

話題の達人倶楽部[編]

ISBN978-4-413-11211-6

できる大人の大全シリーズ

3行レシピでつくる おつまみ大全(たいぜん)

杵島直美　検見﨑聡美

ISBN978-4-413-11218-5

小さな疑問から心を浄化する!
日本の神様と仏様大全(たいぜん)

三橋健(監修)/廣澤隆之(監修)

ISBN978-4-413-11221-5

もう雑談のネタに困らない!
大人の雑学大全(たいぜん)

話題の達人倶楽部[編]

ISBN978-4-413-11229-1

日本人の9割が知らない!
「ことばの選び方」大全(たいぜん)

日本語研究会[編]

ISBN978-4-413-11236-9